유네스코 세계유산 만들기
Making of UNESCO World Heritage

국립중앙도서관 출판시도서목록(CIP)

유네스코 세계유산 만들기 = Making UNESCO world herita-
ge / 저자: 김광식. -- 서울 : 시간의물레, 2013
    p. ;   cm

권말부록 수록
ISBN 978-89-6511-078-1 93300 : ₩15000

세계 유산[世界遺産]

600.15-KDC5
353.7-DDC21   CIP2013026719

유네스코 세계유산 만들기

Making of UNESCO World Heritage

김광식 편저

시간의 물레

들어가며

　이 글은 필자가 현역에서 물러난 후 문화유산보존 활동에 참여하면서 발표한 것들을 엮어 놓은 것이다. 1998년 나는 고려대학교 세종캠퍼스에 연구교수로 역임하면서, 교양과목으로 학부의 매스컴과 전문대학원에서 '문화재학'을 가르쳤고, 유네스코 문화유산부문 산하 전문가 조직인 ICOMOS에 가입한 후 하회마을의 세계유산의 등재와 관련한 전문가 회의에서 활동하게 되었다.

　수록된 글은 2000년 4월 네팔 박타풀에서 개최된, 세계유산으로 등재된 9개의 아시아 지역 읍촌의 관계당사자 간의 협조방안을 모색하는 회의에서 발표한 보고서를 시작으로 하여 모은 것이다. 1999년 말 나는 유네스코 한국위원회의 위원으로 위촉받아, 방콕주재 유네스코 아시아대표에서 계획한 전문가회의에 잠정후보 등록을 마친 하회마을의 연구보고를 맡게 되었다. 사전에 제시된 가이드라인에 따라 현황을 조사하고, 보고하며 개선방안을 모색하는 일을 맡았는데, 네팔 카트만두에서 열린 회의에서 이를 보고하는 데 필요한 여비는 안동시와 하회마을에서 지원해 주었다. 뒤이어 1년 반 뒤, 2001년에는 중국 윈난성 리쟝에서 활동계획을 보고하기 위해, 하회마을 활동계획을 만들었다. 당시 잠정목록에 넣은 지 얼마 안 된 시점이라서 중앙정부의 방침이 결정되지 않았고, 지방자치단체가 세계유산 등재 절차나 접근방법을 새카맣게 모르던 터라 안동시나 하회마을의 이해와 지원이 좀처럼 얻어지지 않았다. 그러므로 내가 작성한 하회마을의 활동계획이 안동시에 한 번 보고된 후 사장된 문서가 되었다.(이 책 제1부 5장의 본문)

그 후 오랜 우여곡절 끝에, 2010년에 하회마을은 양동마을과 함께 "한국의 역사마을-하회와 양동마을"이란 이름으로 세계유산에 등재되었는데, 필자는 2008년 하회마을의 세계유산으로서의 잠정적 가치를 조사하는 활동까지만 참여했다.

또 다른 하나는 세계유산에 문화루트라는 개념이 생기면서 조선시대 일본으로 보냈던 통신사의 유적을 정리하고, 이론화하여 세계유산으로 만들려는 글이다. 필자는 2005년 중국 시안에서 열린 ICOMOS 총회에서 조선통신사에 대하여 발표를 했는데 이 글과 그 후 일본에서 한 번 발표한 것을 모아 문화루트라는 개념을 소개하는 것이다.

나는 2002년 ICOMOS한국위원회에 회원으로 가입했다. 그 당시 회원이 30명 채 안 되던 때이다. 이듬해 당시 위원장이던 이융조 교수(충북대 고고학)의 위촉을 받아 ICOMOS한국위원회를 사단법인화 작업을 맡아서 했고, 2004년에는 북한 고구려 유적과 고려 궁궐을 세계유산등재 추진화사업(문화재청 의뢰)의 책임연구원으로 일했다.

당시 북한은 고구려 유적의 세계유산등재 추진에 있어 기술적·재정적 어려움을 겪고 있었다. 북한 유산후보의 보편적 가치를 종합하고 이론화하는 전문적 작업과 등재신청서 작성 등은 자금이 필요한 프로젝트로서, 문화재청은 우리 정부예산을 지원하여 ICOMOS 한국위원회로 하여금 등재사업추진을 도와주려고 했던 것이다.

우리는 북한의 참여를 다각도로 타진한바 반응을 얻지 못하게 되자 일본의 북한통으로 알려진, 원로미술가 고 히라야마 이쿠오(故 平山郁夫)를 통해 교섭하였지만, 북한 학자의 참석은 실현되지 않았다. 우리는 대안으로 일본 학자와 일본에 있는 조총련계 학자 세 명을 초청하여 메이지대학에서 학술 심포지엄을 개최하는 것으로 만족할 수밖에 없었다.

드디어 2013년 6월 캄보디아에서 열린 세계유산위원회에서 개성의 고려유적이 세계유산으로 등재되었다는 뉴스를 들었다. 개성 프로젝트에 관한 심포지엄 보고서는 이 책의 성격과 맞지 않아 소개하지 않는다.

하회 양동마을이 역사마을로 등재된 이후 외암마을과 낙안 읍성 등이 세계유산 잠정목록에 올라갔다. 전통적 주거마을을 세계유산으로 등재하는 일은 세계유산협약 운영지침이 요구하는 보편적 가치에 부합하고 진정성과 완전성을 갖추어야 하며, 유네스코세계유산위원회(WHC) 심의에 통과해야 하며 이에 앞서 국제기념물협의회(ICOMOS)의 전문적인 검토 과정을 거쳐야 한다.

필자는 세계유산 등재활동에 부분적이나마 참여한 경험을 소개하여 세계유산을 공부하려는 젊은이와, 유산을 등재하려는 지자체에 작은 참고라도 되었으면 하고 출판하기에 이르렀다. 〈부록〉에 수록한 헌장과 조례는 필자가 영어 또는 일어를 번역하여 첨부하였고, 세계유산 운영지침은 문화재청 홈페이지에서 내려 받은 것으로 세계유산의 탁월한 보편적 가치에 관한 기준만을 발췌한 것임을 밝힌다.

변변치 못한 원고를 출판하여 주신 시간의 물레 권호순 사장 그리고 편집을 믿어 주신 분께 감사드린다.

2013. 12.

김 광 식

제1부 하회마을 - 세계유산이 되기까지

제1장 마을유산의 세계유산 등재

전통역사마을은 유네스코 세계유산위원회 등록지침 3절 23~24항 (WHC Operational Guideline Section C, par 23~24)의 기준(Category) (a), (v)에서 규정하는 취락(settlement)에 해당한다. 현재 세계문화유산으로 지정된 730여 개 유적유산 중 지속적으로 인간이 점유 사용하는 문화유산으로서 건조물군, 도시지역 및 취락으로 분류되는 유산은 120개소 이상이나 카테고리 (a), (v)에 해당하는 유적지는 6~7개소 정도에 머문다. (자세한 것은 부록 세계유산 운영지침을 참조 바람)

유네스코는 사람들이 거주하는 마을 중 보호하지 않으면 사라질 위험성 있는 곳을 골라 등록 보존한다. 여기에 해당하는 유산 유적이 카테고리 (v), (vi)이다. 마을이란 도시와 대비되는 것으로 주로 농업, 목축업, 임업과 같은 생산이 주된 생활 기반이다. 마을을 이루는 경우, 대부분의 집은 그 고장의 풍토에 맞게 고장에서 쉽게 구할 수 있는 건축 재료를 사용하여 집을 짓고 취락을 이룬다. 그래서 농촌 가옥은 전적으로 그 지역의 기후적 환경적 영향을 받아 지어진 역사적 산물이다. 유럽에서 농촌 마을로 세계유산으로 지정된 곳은 단 세 군데 모두 구공산권이다. 헝가리 홀로코가 그 하나이고, 약 100km 정도 북쪽에 있는 슬로바키아의 블콜리네츠 마을과, 체코 남부 부데쇼비체 부근의 흘라쇼비체라는 농촌마을이 세계유산으로 등재되어 있다. 아시아는 중국에 네곳, 즉 중국 안후이성(安徽省) 홍춘(宏村) 및 시디(西梯)마을, 후젠성(福建省)의 잉딩하카(永定客家)마을과 일본의 기후현(岐阜県) 시라카와고(白川郷) 등이 등재되어 있을 뿐이다. 각각의 마을은 자기네 고유의 건축양식, 생활과 관련된 무형의 문화유산이 탁월한 보편적 가치로 인정받았다. 유네스코는 이들 마을을 고촌(Old or ancient village - 홀로코, 홍춘/시디), 역사마을(Historic village - 흘라쇼비체, 시라카와고) 등으로 표기하고 있으며, 우리나라 하회마을, 양동마을도 역사마을로 등재하였다

우리나라에서는 민속마을(문화재보호법에 의한 민속자료로 지정되어 있다.)이라 부르는데, 안동 하회마을, 경주 양동마을, 고성 왕곡마을, 아산 외암마을, 순천 낙안읍성마을, 제주 성읍마을, 성주마을이다.

또한 우리나라에는 아직 살아 있는 전통이 있다. 대대로 집성촌을 이루고 사는 마을에 가면 아직 종가와 종손이 남아 있어, 조상의 제사를 중심으로 일문이 모인다. 어떤 집성촌에는 조상제사 중에 불천위제사(不遷位祭祀)라 하여 제주(祭主)의 4대 조상 위에도 제사를 모시는 풍습이 있다. 우리나라 민속마을에는 이런 종손이 아직 종가를 지켜오고 있어 종가풍속을 유지함으로써 역사마을의 무형의 자산을 지켜간다. 사람이 살지 않는 마을은 전시용 박물관에 불과하다. 역사마을에 오래된 민가만 있다면 전통있는 역사마을이 될 수 없다. 사람과 전통이 함께 그 명맥을 이어가는 곳이라야 한다.

여기 역사마을에 관한 장은 필자가 1999년부터 유네스코 아시

아태평양지구 프로젝트의 하나로서 하회마을의 유산보존을 위한 관계자(주민, 당국, 관광관계자) 워크숍(2000년 4월 네팔 카트만두)에 보고할 자료를 준비하면서 시작된 것을 시대역순으로 실었으며, 보고서와 발표문으로 구성되어 있다.

1. 세계문화유산의 등록요건과 효과

유네스코는 1972년 과거 인류가 만든 뛰어난 문화나 자연 중에 현재 모든 인류가 공유하고, 다음 세대에 물려줄 유산을 세계문화 또는 자연유산이란 개념으로 정립했다. 세계문화유산으로 등록되기 위해서는 문화유산이 인류전체의 유산으로 보존할 독창적 가치를 지니고 있어야 한다. 세계적으로 인류 문화를 대표할만한 성질을 가지고 있음을 인정할 수 있는 것을 말한다. 세계유산으로 등록되면, 두 가지의 효과가 있다고 본다.

첫째, 문화유산의 가치를 세계적으로 인정받을 수 있기 때문에 자국민에게 그 나라의 문화에 대한 자긍심을 높일 수 있다. 둘째는 전 세계적인 인정이란 점에서 홍보효과가 커서, 세계적인 관광 자원화가 가능하여 국가와 지역에 경제적 이익을 가져온다.

협약이 체결된 이래 세계 각국은 경쟁적으로 세계문화유산 등록을 서둘러 세계문화유산으로 등재시켰다. 2013년 현재 세계유산으로 지정된 것은 129개 국가에 모두 754개소인데, 그 중에 사람이 사는 도시를 비롯한 주거지역 190여 곳이 세계문화유산으로 등록되어 있으나, 농촌지역 마을은 몇 군데에 불과하다.

2. 역사마을이란

마을이란, 도시와 대비되는 것으로 주로 농업, 목축업, 임업과 같은 생산이 주된 생활 기반이다. 대부분의 집은 그 고장의 풍토에 맞게 그곳에서 쉽게 구할 수 있는 건축 재료를 사용하여 집을 짓고 취락을 이룬다. 그래서 농촌 가옥은 전적으로 그 지역의 기후와 환경의 영향을 받아 지은 역사적 산물이다.

옛 모습을 지닌 마을은 동서양을 막론하고 현대화하는 과정에서 대부분이 사라졌다. 지금은 전 세계적으로 겨우 다섯 군데만이 마을 단위의 세계문화유산으로 등록되어 있을 뿐인데, 이런 마을은 대개 교통이 불편한 시골이기 때문에 그나마 옛 모습이 보존되었을 것이다.

3. 남아있는 곳

유럽에 남아 있는 농촌 마을로 세계유산으로 지정된 곳은 세 군데 뿐이다. 헝가리 홀로쾨 마을과 체코 남부 홀라쇼비체 마을, 슬로바키아의 블콜리네츠 마을로 모두 구공산권이다. 산업화나 현대화 도시화가 그만큼 낙후된 것을 의미한다고 할 수 있다.

우리나라에는 하회마을을 비롯하여 모두 7개 마을이 있는데, 이런 마을을 민속마을(문화재보호법에선 민속문화재라고 함)이라 부른다. 안동 하회마을과 경주 양동마을은 2010년 세계문화유산으로 등재되었고, 나머지는 고성 왕곡마을, 아산 외암마을, 순천 낙안읍성마을, 제주 성읍마을, 성주마을이다. 민속마을은 전통적 마을 모양과 구조를 그대로 보존하기 위하여 정부가 전액 국고로 농가를 수리해주고 개축해 준다. 마을에서는 '원형보존'이란 정책이 적용되기 때문에 마음대로 모양을 바꿀 수 없다.

4. 동서양의 보존방법

역사마을 보존에 있어 동서양이 다르고 아시아에서는 일본과 한국이 다르다. 서양은 사회가 안정되어 있어 생활양식이 서서히 변화하여 동양에서 보는 바와 같이 과거와 현재가 심한 대조를 이루는 일은 거의 없다. 유럽의 오래된 집은 4~500년은 보통이고 7~800년 된 것도 그리 드문 일은 아니다. 이러한 건축물을 자세히 보면 흘러간 시간의 나이테를 쉽게 찾아 볼 수 있다. 또한 집을 짓던 재료가 구하기 힘들어지면 그때그때 활용할 수 있는 재료로 바꾼다는 것이다.

일본의 경우는 조금 다르다. 1950년대 개발 시기에 구식 초가집 열 채가 관광 상품으로 외지에 팔려나간 사례가 있다. 하지만 보존에 대한 가치를 주민 스스로 터득하여 보존운동이 일어났고, 관광상품으로 팔려나갔던 초가집을 경제가 좋아지자 다시 되사서 이전하고 하였다.

억새로 이은 일본의 초가집은 30년가량 내구성이 있어 경제적이지만, 지붕을 개수하는 데는 우리나라 돈으로 집 한 채 값이 든다고 한다. 일본에서는 전통건조물군 보호법이 있어 법적으로 보호하고 있는데 이러한 제도로 보존되는 마을과 시가지(市街地─주로 상가들이 밀집해있거나 도시 내 가옥군으로 일본에서는 '거리(町並み)'라 함)는 60여 군데가 있고, 그 중에 시라카와고 3개 마을이 세계유산으로 등록되어 있다.

세계유산 마을은 경제가 낙후했거나, 교통이 불편하여 그곳에 접근하기가 쉽지 않았기 때문에 아직 옛날 모습을 지니고 있고, 이를 보호하기 위해 '민속마을'이나 '세계유산'으로 지정하여 보호하지만, 세계 어디를 가나 역사마을은 고민하고 있다. 줄어드는 인구, 인구의 노령화 등 때문이다. 마을에는 옛날부터 농경사회에서 사람들이 지니고 살던 무형의 문화유산은 거의 자취를 감추어가고 있다.

5. 전통을 보존하려면

어떤 유형의 문화유산도 이를 만든 사람이 없어지면 사적, 고적이 되고 만다. 사람이 사는 유형의 마을에 사람이 살지 않으면 박물관이 되어버린다. 마을을 일구어 살던 사람들이 없어지면 사람들이 살던 문화가 없어진다. 이미 역사마을의 문화 대부분이 없어진 것이다. 세시풍속(歲時風俗)이 없어졌고, 동제(洞祭)가 없어졌고 장례식도 바뀌어 버렸다. 현대의 문화로 대체된 것이다.

우리나라에는 아직 살아있는 전통이 있다. 대대로 집성촌을 이루고 사는 마을에 가면 아직 종가와 종손이 남아 있어, 조상의 제사를 중심으로 일문이 모인다. 어떤 집성촌에는 조상제사 중에 불천위제사(不遷位祭祀)라 하여 제주(祭主)의 4대 조상 위에도 제사를 모시는 풍습이 있다. 종손이 제주가 된다. 불천위제사란 조선시대에 국왕이 나라에 공헌한 신하에게 생시의 공을 인정하여 후손으로 하여금 오래오래 기제(忌祭)를 모시도록 칙령으로 허락한 몇몇 공신에 대한 제사를 말한다. 불천위제사가 종손의 역할을 이어오게 하는 중요한 무형의 문화유산인 것이다. 우리나라 하회나 양동마을에는 이런 종손이 아직 종가를 지켜오고 있어 전통의 무형유산이 보존되고 있다고 할 수 있다.

세계문화유산 및 자연유산보호에 관한 협약에 의하면 문화유산으로 등록할 수 있는 대상은 기념물, 건물의 집단 및 유적으로 되어 있고. 운영지침에서는 다시 이를 세분하여 (a) 기념물, 건축물의 집단 및 유적, (b) 도시지역 건물의 집단, (c) 문화경관으로 분류하고 있으며 (a)항의 기준에 따라 세계유산은 이를 5개 분야로 세분한다. 등록 유산 중 도시 또는 도시지역은 주로 지역 자체가 지닌 전통성이 높거나, 도시 가운데 구도시가 주축을 이루는데, 지정 카테고리는 (a)항 전부 또는 그 중 복수의 카테고리에 의해 분류되고 있다. 다시 도시지역의 복잡한 실정을 감안하여 (b)(i)고고학적 유적도시, (ii) 현주(現住) 역사적 도시지역으로 정통성 평가가 쉽지 않은 곳, (iii) 20세기 신도시지역으로 전통적 요소와 과거의 도시구조가 부정할 수 없을 정도로 분명한 경우 지닌 지역 등 위 세 범주 중에 하나에 속해야 한다고 규정하고 있다 (Par 27). 이들 도시 또는 도시지역은 지정된 건수도 많으려니와 다양한 전통성과 역사적 배경을 지니고 있기 때문에 세계역사도시기구(Organization of World Historic Cities)가 조직되어 유기적인 정보교환과 교류가 일어나고 있다. 그런데 기준(criteria) (v) "회복할 수 없는 변화의 충격으로 손실을 입을 염려가 있는 전통적 취락"은 문화유산으로 지정된 숫자도 적고, 변하는 시대사정에 따라 보존에 커다란 어려움을 겪고 있다. 그 뿐만 아니라 ICOMOS에서도 아직 소규모 취락에 대한 지침서도 마련되어 있지 않은 상태이며, 전 세계적으로 개수도 몇 안 되고, 인적·경제적 기반도 취약하여 유산지 상호 간의 보존과 발전에 관한 정보교환 교류는 아직 전무한 상태이다. 기준 (v) "회복할 수 없는 변화의 충격으로 손실을 입을 염려가 있는 전통적 취락"으로 분류되는 전통역사마을의 정통성을 알아보기로 한다.

ICOMOS는 1992년부터 새로운 개념인 (c)문화경관(cultural landscape)을 도입했다. 이에 따라 등록할 수 있는 유산은 (i)인간이 의도적으로 설계해서 만든 경관(예: 정원이나 공권 등)과 (ii) 인간의 (사회 경제 정치 종교적) 필요성에 의해 유기적으로 발달된 경관 및 (iii) 강력한 종교적, 문화예술적 또는 자연요소에 의한 경관 등이 등록 대상이 될 수 있다.

정통성(Authenticity)의 규정은 Par 24(b)에 '유산은 디자인, 재료, 기법 또는 건조물환경(setting)의 정통성을 유지할 것과 문화경관의 경우 원 상태에 대한 구체적인 입증이 있어야 함'을 요구하고 있다. 그러나 현실적으로 인간이 현재 살고 있는 대부분의 유적/유산지(heritage site)에서 위의 규정과 같은 정통성은 충실하게 지킬 수 없는 어려운 범주라고 고려된다.

조사연구대상

이 보고서는 전통 역사마을의 보존과 지속 가능한 발전전략을 모색하여 정책자료로 삼고, 전통역사마을을 세계문화유산의 한 모습으로 자리매김하여 국제사회에서 주목할 과제를 제기하기 위해 세계유산으로 등록 지정된 유적지의 환경, 진정성 및 유무형유산 현황 조사를 위하여 외국 유적지 세 군데를 2001~2002년 조사한 자료를 중심으로 정리하였다. 여기서 보고하는 전통 역사마을은 비도시 농촌취락(non-urban rural settlement)으로서 상주인구는 타운

규모 이하(2,000명), 세계문화유산 (a), (v)항, (b) 및 (c)항으로 등록된 마을[1] 중에서 헝가리의 홀로코 마을, 일본의 시라카와고(白川鄕), 고코야마(五箇山), 그리고 중국의 홍춘(宏村), 시디(西梯)마을을 답사 조사하였다.

정통성(Authenticity)

문화재 문화유산은 시간의 흐름, 재료의 퇴화, 제작 사용하는 측 가치관의 변화, 그리고 인간의 이용으로 변하게 마련이다. 그래서 시간의 흐름에 따라 역사 층(historic overlays)이 생기기 마련이다. 역사 층은 문화재의 불가분의 한 부분이다. 다수국가에서 역사·정치적, 기타 보존과학적 이유에서 문화유산에 인간의 손을 가한다. 더 근본적(original)인 것을 지향하여 그 이후에 생성된 다른 역사 층에 대하여 손을 가하여 변형시키는 경우도 있다. 우리나라에서는 보존 또는 복원이라는 개념에 원형보존원칙이 강조되고 있지만, 관리당국은 이미 생긴 역사 층(historic layers)을 인정하지 않고 인위적으로 "원상복구" 시키는 경우도 있다[2]. 국제적인 추세에 맞지 않는 부분이다. 정통성을 현대에서 어떻게 다루어야 하는지 국제적인 이론과 경험을 넓게 파악할 필요가 있다.

---

1) WH List 2002에 수록된 카테고리 (a)(v)
   Holloko Village, Hungary (a)(v)
   Cultural Landscape of Ferto/Neusiedlersee, Austria/Hungary
   Vlkolinec Village, Slovakia (a)(v)
   Pyrennes/Mont Perdu Villages (a)(v), France/Spain
   Hongcun & Xidi Villages, China (a)(v)
   Shirakawago & Gokoyama Villages, Japan (a)(v)
2) 안동 하회마을의 경우, 1970년대 새마을 운동으로 초가지붕을 기와지붕으로 덮은 가옥에 대해, 당국은 초가지붕으로 복구할 것을 재건축 허가조건으로 내세우고 있다.

20세기에 접어들며 농촌지역에서 도시로의 인구 이동은 세계적인 추세가 되었다. 도시 근교에 있는 농촌은 도시화가 진행되었고, 비농가가 섞이면서 농촌 환경과 농가의 모습이 달라졌을 뿐만 아니라, 기술발전으로 생활방식과 영농방식의 변화를 일으켰다. 이러한 변화는 외관과 구조물의 변화를 초래하였다.

도시와 취락을 외관적으로나마 유지하기 위해서는 원래 사용되었던 재료의 확보가 필요하다. 그러나 동서양 모두 과거의 재료를 확보 또는 획득에 어려움을 겪고 있다. 이러한 사정에 어떻게 대처하는지의 조사 연구가 필요하다.

유네스코와 유관 기관이 몇 차례에 걸쳐 현존하는 거주 유산(continuing site)에 대한 권고안과 선언에서 밝힌 지침을 종합해보면, 미관과 특성을 보호하는 데는 지역사회의 생활의 필요와 진전 및 기술적 진보에 따라서 (생활에 대하여) 정당한 조치가 취해져야 한다고 하였으며, (또한, 1976년 총회에서 채택한 문화생활에 관한 권고에 의하면) 문화행위가 소외된 계층과 취약한 입장에 있는 사람들의 요구(필요)를 충족시켜줄 필요가 있는 것으로 인식하였고, (같은 해 총회의 역사유적지의 보호와 현대적 역할에 관한 권고에서) 역사유적지는 인간이 존재하는 어디에서나 매일 부딪치는 생활환경의 한 부분이라는 점을 명백히 밝혔다.

나라 선언문(1994)에 의하면 1) 도시는 오랜 시간에 걸쳐 발전(evolve)하는 것이며, 무엇보다도 사람들이 살고 일할 수 있는 공동체로 기능하고 있기 때문에 복수의 역사적 중층(historical overlays)이 만들어진다는 것, 2) 사회경제적 개발과 생활공동체의 복지와 역사적 도시의 보존과 상관관계가 있으므로 지역주민의 필요(needs)가 고려되어야 함을 인정하였다. 세계문화유산은 점차 유형의 물질적 문화유산의 보존에서 인간과 그 환경의 총체적인 보존, 즉 문화적 경관의 보존에 주력하고 있다.

미국 ICOMOS는 정통성 연구 미주 심포지엄(Inter-American Symposium on Authenticity-1986)에서 WHC가 제정한 3개의 문화경관 범주를 인용해서 "문화적 유산(legacy) 보존에서의 정통성은 우리문화의 살아있는 속성과 구분해서 보존할 수 없으며, 이 속성은 항상 쇠퇴하고 다시 태어나는 것이다. 그러므로 이에 대한 우리의 접근은 역동적(dynamic)인 자료(문화경관, 도시 또는 비도시 지역 등)와 비역동적(relatively static)인 것을 구별하여 현재와 미래를 포함하는 모든 시기의 이용을 다루어야 한다. 왜냐하면, 우리의 모든 문화는 과거와 현재 계속 변화하고 있기 때문이며, 변화는 바로 경험의 정당한 반영이기 때문이다."라는 의견을 피력하였다.[3]

그러므로 지속적으로 사람이 사는 주거 공동체(continuing living community)에서의 문화유산 보존에 있어서 유형 건물의 정통성만 강조할 수 없을 뿐만 아니라, 현재 생활을 영위해서 해당 문화유산과 분리할 수 없는 요소인 주민의 필요(needs)를 고려해야 함은

---

3) US/ICOMOS International Symposium on Authenticity in the Conservation 1996: "Evaluating Authenticity; Reflections based on the United States Experience"에서 인용.

(IV. Position: Recognizing…, we offer that authenticity in the conservation of our cultural legacy cannot be separated from the living attributes of our cultures which are in a constant state of decline and rebirth, and that our approach be characterized acknowledging that (5) there is a broad continuum from resources which are relatively static (such as archeological sites) to those which are dynamic (such as cultural landscapes, urban and rural districts, and homes and communities which celebrate a profound past bur whose occupants have requirements to meet today's standard of living); and that (6) all periods of use may be inherently important, including the present and the future because our culture, as all cultures past and present are changing, and change is a valid reflection of experience.

분명한 것이다. 또한, 유형적 요소(건조물 등)를 보수하는 경우 현재 확보할 수 있는 재료의 입수 가능성·경제성은 물론, 이들 재료를 사용해서 보수할 수 있는 전래의 무형적 기능을 해당 생활공동체가 확보하여 수행할 수 있는가를 평가한 다음에, 과거 재료를 이용하여 보수하여 나갈 수 있다고 본다.

일본의 경우는 문화재보호법에 전통건조물보존지구라는 항목을 두어 도시지역은 '역사적 거리(町並)'로서, 농촌의 경우는 역사적 취락(集落)으로 모두 54개 지역이 지정·보존되고 있으며, 일본 실정에 맞는 진정성 문제를 유산관리지침에 반영·실시하고 있다.

헝가리의 경우, 홀로코 마을의 정통성을 되살리기 위한 방법으로 당국은 현상공모를 통해 복원사업을 펼친 바 있지만, 스타일과 재료에서 부분적으로 현대적인 것과 타협할 수밖에 없었음을 밝히고 있다[4].

조사한 전 지역에서 정통성의 훼손은 매우 두드러진 현상임을 확인할 수 있었다. 일부에서는 대안 재료를 개발하여 대체하고, 외관에도 현실화를 수용하는 현상을 발견했다. 또한 마을의 전통보존지역과 분리하여 재료 일부를 현대적인 것으로 사용하고 있었으며, 현대적 생활수요를 감안하여 주거지역을 조성하고 전통지역을 보존하는 사례도 있다.

---

4) UNESCO WHC dossier p.234. (Hungarian) regional authorities in Nograd ……organized a competition for the rebuilding of seven dilapidated houses (in Holloko).

6. 관광과 개발

문화유산 보존정책은 유형의 문화유산, 즉 건물군과 주변 환경 보존에는 어느 정도 효과가 있으나 무형유산 보존에는 실패하였 거나 심각한 부정적 현상을 초래하고 있다.

무형의 문화유산은 거주하고 있는 생활공동체에 의해 개개인 또는 집단으로 생산되고 전통이 유지된다. 그러나 농촌지역의 급 격한 인구이동과 농촌경제(전통적 생업)의 변화는 지역생활공동체 의 존립 자체를 위협하거나, 지역공동체의 성격을 원래의 모습과 는 전혀 다른 생활체로 대치시키면서 대부분의 무형유산의 멸실 을 면치 못하였다.

헝가리 홀로코 마을의 원주민 인구는 35명에 불과하고, 그나마 이들도 대부분 고령화하여 후계자가 입촌하지 않을 경우, 무형의 유산은 전부 없어질 위기에 처해있다.

지역 살리기를 위해 추진한 당국의 보호 보존정책은 역작용을 가져오는 경우도 있다. 대부분의 경우에는 세계문화유산으로 지 정하고 나서 지방자치체가 홍보의 극대화를 가져오고, 이에 따라 관광객의 방문이 증가하는 유산관리에 긍정적인 효과 측면이 있 다. 또한, 세계문화유산으로 지정되면서, 중국의 홍춘과 시디의 경우 미화 8달러의 입장료를 받아 지자체의 유산관리 수입으로 삼고 있다. 그러나 지나친 관광객의 유입은 문화유산 보존에 부 정적이고, 생활하는 공동체에는 신앙과 생업을 위한 요소가 되며 사생활의 침해로 이어지면서 생활의 질과 연결되는 측면이 있다. 일부 유산지역에는 외부로부터 관광업의 기회를 이용하려는 관광 업(식당, 숙박 및 기념품 판매업)의 진출로 원주민과 갈등을 일으키며,

일부에서는 원주민 사이에 관광업 영위하는 세대와 영농세대 간의 보이지 않는 갈등도 보이고 있다.

생활공동체의 경제는 전통적 농업경제 대신 외부로부터 건축물을 사들여 입주한 비정주형의 여가용 전원주택이 되거나, 관광업 영위 생활세대, 지자체 또는 문화재 애호단체가 매입하여 특정 목적의 건조물(숙박업 또는 현지문화체험교실)로 이용하는 경우, 지자체에 의한 소규모 농가박물관으로 이용함으로써 종전의 경제와는 전혀 다른 양상을 보여주고 있다.

전통역사마을에 전래되던 무형의 문화유산은 거의 소멸되었거나 마을과는 무관한 무형문화유산으로 변질되었다. 조사한 전통마을 중에서 무형문화유산이 그래도 가장 많이 남아있는 유산지는 안동시 하회마을로서 집성촌 종가가 실제로 존재하며, 이와 유관하여 일정한 의례와 의식(불천위제사 등)이 거행되고 있다.

제2장 세계유산으로서의 가치

-하회마을과 양동마을(2007)-

    이 보고서는 2007년 세계문화유산 등재신청 준비를 위하여 이코모스 한국위원회(김광식, 이상해 위원)가 문화재청에 제출한 세계문화유산 잠정목록에 올라 있는 후보유산 안동 하회마을, 경주 양동마을의 타당성과 진정성 및 완전성 등 분야에 있어 세계유산으로서의 가치를 검토한 내용이다.

    이 보고서를 근간으로 하여 2008년 하회, 양동의 세계유산 등재 신청서가 작성되어 유네스코 세계유산위원회에 제출되었고, 2009년 ICOMOS 전문가의 실사를 거쳐 2010년 세계유산으로 등재되었다. 하회 현지 실사는 2009년 문화관광 전문가 힐러리 드크로스(홍콩에서 활동하고 있는 ICOMOS-ICTC 문화관광분과학술위원회)가 조사를 진행한 바 있다.

1. 안동 하회마을

I. 유산의 유형

하회마을과 마을의 건조물들, 사대부 양반문화를 알 수 있는 정사와 서원 및 줄불놀이, 그리고 서민들의 문화를 알 수 있는 하회별신굿탈놀이와 하회탈 및 서낭당과 국신당이 문화유산에 속한다.

II. 유산개요

하회마을은 전래의 문화유산이 잘 보존된 마을로서, 조선 중기인 1600년대부터 풍산 류씨가 집성촌을 이루며 살고 있다. 풍산 류씨 이전에는 허씨와 안씨가 하회의 주산인 화산(花山)기슭에 각각 세거하였다고 한다. 풍산 류씨는 원래 안동 풍산 상리에 살았으나, 전서 류종혜(생몰년 미상)이 좁은 상리를 떠나 이곳 하회의 터를 살핀 후 세거지로 결정했다고 한다. 하회마을이 흥성하게 된 것은 입암 류중영(1515-1573), 그의 아들 겸암 류운룡(1539-1601)과 서애 류성룡(1542-1607) 형제에 의해서다. 류운룡은 향리에 은둔하며 학문을 한 도학자였고, 류성룡은 임진왜란 때 국난을 타개하는 데 큰 공을 세운 명신이었다.

하회마을은 낙동강이 동남서 방향으로 마을을 감싸며, 태극('S'자) 형태를 이루며 강물이 흐르기 때문에 '하회'(물돌이)라고 불렸다. 풍수지리 측면으로 보면 '연화부수형', 또는 '태극형'의 형국을 이루고 있다. 마을의 주산을 화산(花山)이라 부르고, 마을을 감싸며 흐르는 낙동강을 화천(花川)이라고 하는 것도 연화(蓮花)에서 비롯된 것이다. 하회마을은 이러한 형국과 조화롭도록 마을이 구성되어 건물들이 배치되어 있으며, 자연환경이 취약한 곳에는 자연을 비보한 인공 숲이 조성되어 빼어난 문화경관을 이루고 있다.

하회마을은 집성촌의 특성을 잘 보존하고 있을 뿐만 아니라, 조선시대 사대부 양반의 주거문화와 생활문화를 알 수 있는 마을이다. 마을 중앙을 가로질러 난 길을 중심으로 북촌과 남촌으로 크게 나뉘는데, 북촌의 대표적인 반가로는 양진당과 북촌댁이 있고, 남촌의 대표적인 반가로는 충효당과 남촌댁이 있다. 이외에도, 하회마을에는 하동고택, 겸암정사, 옥연정사, 원지정사, 빈연정사, 병산서원 등의 반가, 정사서원이 있고, 양반계층의 생활을 받들었던 서민들의 살림집들이 있다.

하회마을은 조선시대 양반들의 집성촌이지만, 서민들의 민속문화와 양반문화가 공존하고 있는 마을이다. 낙동강을 바라보며 지은 병산서원, 화천서원, 원지정사, 빈연정사, 겸암정사, 옥연정사, 그리고 부용대에서 벌어지는 줄불놀이는 반촌의 유가적 전통과 양반문화를 잘 보여주고 있고, 마을 안의 삼신당, 화산 자락의 서낭당과 국신당, 그리고, 별신굿과 별신굿 때 쓰이던 하회탈은 토착적 민속문화의 전통이 훼손되지 않고 전승되고 있는 마을임을 보여주고 있다.

Ⅲ. 기준(criteria)과 타당성

ⅱ) 기준 : 오랫동안 유교문화와 민속문화가 지속되어 형성된 마을구조와 건축물이라는 점과, 마을을 둘러싸고 있는 자연 지형을 잘 이용하여 형성된 마을이란 점이 돋보인다.

iv) 기준 : 하회마을에는 600여 년을 이어오며 형성된 종택, 그리고 종택과의 상관관계를 아주 잘 보여주는 마을구조와 전통가옥들이 있다.

vi) 기준 : 하회마을은 집성촌으로서 오랜 세월 동안 형성된 줄불놀이, 하회별신굿탈놀이와 같이 아직 살아있는 유교문화와 민속문화의 전통, 그리고 마을을 감싸며 흐르는 낙동강 주변에 형성되는 자연과 합일하도록 건립한 서원, 정사 등 유교문화경관이 있다.

Ⅳ. 가치 분석

A. 진정성

- 하회마을은 1600년대부터 풍산 류씨의 집성촌으로 존속했으며, 지금도 마을 주민 중 풍산 류씨가 70%를 점하고 있다.

- 마을에 현존하는 건축물 중에는 보물 2건(충효당, 양진당), 사적 1건(병산서원), 중요민속자료 10건(하회마을, 북촌댁, 남촌댁, 주일재, 작천고택, 하동고택, 원지정사, 빈연정사, 겸암정사, 옥연정사)이 우리나라의 문화재보호법에 의해 국가지정 문화재로 지정되어 보호되고 있다. 건축물 이외에도 하회마을에는 국보 2건(징비록, 하회탈), 보물 2건(류성룡종손가문적11종 22점, 서애유물 3종 27점), 중요무형문화재 1건(하회별신굿탈놀이)이 국가지정 문화재로 지정되어 있으며, 서애 류성룡의 수많은 전적과 교지들은 영모각과 충효당에 소장되어 있다. 이러한 문화유산은 하회마을의 진정성을 높이는 데 중요한 역할을 한다.

- 하회마을은 마을이 들어선 이래 외침이 없어 본래의 모습을 잘 유지하고 있어 한국의 전통적인 집성촌의 특성을 잘 보여주

며, 마을의 건물과 건물 배치는 한국의 대표적인 조선시대 반촌의 구조를 유지하고 있다.

- 마을의 배치, 건물의 좌향 등이 마을을 감싸고 흐르는 낙동강 주변으로 형성된 자연환경과 조화로운 모습을 하고 있다.

- 마을의 정자, 정사, 서원, 부용대, 만송정 등은 600여 년 이어져 내려오며 사대부 양반 계층에 의해 형성된 유교문화가 반영된 경관을 이룬다.

- 마을은 1984년 한국의 문화재보호법에 의해 중요민속자료인 민속마을로 지정된 이래 정부당국의 적극적인 보호와 보존정책에 의해 진정성을 유지, 보존해 오고 있다. 주변 100만 평을 보호구역으로 지정하여 마을의 특성을 이루는 경관이 변경되는 것을 방지하고 있다.

B. 완전성

- 하회마을의 주변 자연경관은 잘 보전되어 있을 뿐만 아니라, 유교문화와 결합된 문화경관을 형성하고 있다.

C. 유사 유산과의 차별성, 특징
1. 국내

- 하회마을의 취락구조와 양진당, 충효당, 북촌댁, 병산서원 등 건축물들은 한국의 대표성을 띠는 것들로 볼 수 있다.

- 하회마을에는 조선시대의 반촌임을 증거하는 종택, 파종택, 정사와 서원이 잘 보존되어 있다.

- 종택, 파종택에는 지금도 후손들이 거주하고 있으며, 양반문화를 알 수 있는 제례 및 줄불놀이와 같은 행사가 보존되고 있다.

- 하회마을에는 하회탈춤과 같은 토속 서민문화와 국보로 지정

된 하회탈이 남아 있다.

- 취락 공동체의 상징인 삼신당 나무, 서낭당, 국신당이 있다.
- 마을이 배출한 역사적 인물의 역사적 자료관이 있다.

2. 국제

- 하회마을은 풍산 류씨 가문이 6백 년 이상 지속하여 거주하고 있고, 앞으로도 계속 거주할 것이라는 점에서, 그리고 독특한 입지환경과 마을 공간구조로 다른 어떤 세계유산과 비교해도 차별성이 부각된다.

- 무형문화유산인 하회탈춤이 유래하는 곳이며, 하회탈춤이 행해지던 장소에는 600년 수령의 삼신목이 보존되어 있다. 양반들의 풍류 문화와 세시풍속이 보이는 선유줄불놀이, 불천위제사 등은 하회마을의 남아 있는 전통이며, 이를 보존하려는 주민의 의지가 확고하다. 현존하는 주거 세계유산(Living World Heritage)중 이러한 무형의 전통을 유지하고 있는 유산은 국외의 다른 나라에는 없다.

- 조상을 존경하고 종족의 단결을 도모하기 위해 부계(父系)를 중심으로 한 종족의 혈연관계를 도표식으로 나타낸 계보(系譜)인 족보가 하회 풍산 류씨 문중에도 전해져 오고 있어서 다른 나라의 전통마을과 차이를 보이는 중요한 문화유산이다.

- 하회마을과 차별성을 비교할 수 있는 국외의 세계유산으로 등재되어 있는 유교문화권의 마을로는 중국 황산 아래에 있는 홍춘과 시디촌(2000년 등재, Ancient Villages in Southern Anhui-Xidi and Hongcun)을 들 수 있으며, 하회마을은 이들 마을에서 볼 수 없는 강변에 위치한 마을구조와 특성 있는 건축물들이 있다. 이외에 세계유산

으로 등재된 중국의 리장(1997년 등재, Old Town of Lijiang), 일본의 시라카와고(1995년 등재, Historic Villages of Shirakawa-go and Gokayama)가 있으나 리장은 소수민족의 마을이고 시라카와고는 영농방식, 그리고 가옥 구조 형식의 특성으로 세계유산으로 등재되었기 때문에 하회마을과는 차별성을 갖는다.

V. 보호지역, 완충지역(ZONING)의 타당성 분석

보호지역 면적	1,195필 1,527천평(5.0㎢)
완충지역 면적	보호구역(지정구역) 외곽 경계로부터 500m 이내 지역

- 분석 의견 : 하회마을과 병산서원은 문화재보호법에 의해 문화재보호구역이 설정되어 있고, 잘 보호되고 있다.

VI. 보존 관리능력 분석

A. 법·제도, 조직, 재원

- 하회마을에 있는 국가지정 혹은 지정문화재는 문화재청, 경상북도, 안동시에 의해 보존 관리되고 있으며, 보호구역으로부터 500m 이내의 모든 행위에 대하여 문화재보호법에 의해 문화재청 및 경상북도의 규제를 받는다.
- 하회마을의 보존관리계획은 유교문화권개발사업에 따른 하회마을 보수정비계획이 수립되어 마을 내 기반시설 조성(하수도, 마을길 정비 등), 하회마을의 경관을 훼손하는 상가 철거, 보호구역과 완충지역에 소재하는 하회마을의 경관을 훼손하는 시설물 철거 등을 시행하고 있다.
- 문화재로 지정된 건조물에 대해 원형보존을 원칙으로 관리하

고 있으나 향후 마을 관리를 위한 마스터플랜이 수립되어 있지 않았다. 다만, 보수정비계획에 따른 보존관리의 원칙으로 하회마을 원형 보존을 위하여 마을의 전통가옥의 특징과 마을이 지니고 있는 환경을 최대한 지킬 수 있도록 하고, 모든 건조물의 보수는 관련 법규에 따라 시행함을 원칙으로 하고 있다.

- 하회마을 관광안내는 자원봉사자로 구성되어 동행 안내(통역안내원 5명, 문화유산해설사 등 17명)를 하고 있다.

- 법 제도 정비의 일환으로 하회마을 보존을 위한 안동시 조례를 제정하고, 여기에 따른 관리계획을 세우는 것이 바람직하다고 판단되며, 관리계획 안에 '경관보존기준'(일본 시라카와고에서 실시 중임)을 마련함으로써 보존건물과 조화되는 신축건물이 들어설 수 있는 근거와 한계를 마련하는 것이 바람직할 것이다.

B. 세계유산에 대한 이해도

- 풍산 류씨 문중과 종손, 하회마을보존회 등을 포함하여 대다수의 주민들의 세계유산에 대한 이해도와 관심도는 높은 것으로 판단된다. 많은 주민은 세계문화유산의 등록으로 마을의 진정성 및 보존성 확보에 도움이 될 것으로 기대하고, 세계문화유산 제도가 마을의 전통성 계승과 마을 형태 보존에 영향을 미칠 것으로 생각한다. 하회마을이 세계문화유산에 등재되는 당위성에 대하여 찬성하고 있으나, 주민들 중 일부는 하회마을이 세계유산으로 등재됨으로써 갖는 가치를 충분히 인지하고 있지 못하다. 주민들은 세계유산 등재가 하회마을이 민속마을로 지정된 이후 문화재에 가해져 온 규제가 더 강화되지 않을까 하는 우려를 하고 있는바, 이에 대한 홍보와 이해를 구해야 할 것이다.

C. 직원의 관리능력 수준 및 교육프로그램

- 하회마을은 안동시청 유교문화권개발사업단에서 문화재 관리를 담당(12명, 5급 1명, 6급 3명, 학예연구사 1명, 7급 3명, 기능 4명)하고 있으며, 하회마을 관리사무소(17명, 5급 1명, 7급 2명, 8급 1명, 기능 6명, 기타 7명), 주민단체인 (사)하회마을보존회(92년 구성)가 있고, 기타 관련 단체로 풍산류씨대종회, 풍남초등학교 동창회가 있다.

- 안동시가 마련한 잠정목록 조사 보고서는 세계유산 신청 가이드라인이나 이번의 조사항목을 충분히 숙지하고 있다고 판단되지 않는다. 따라서 세계유산 신청과 관련하여 관계 요원의 교육과 훈련이 필요하다고 사료된다.

D. 지역주민과의 관계: 재산권 등

- 문화재 정비사업에 따른 재원은 국비 지원과 도비, 시비로 매년 보수 정비하고 있다.

- 마을 안에 있던 음식점, 매점을 마을 밖에 조성한 집단상가 지역으로 이전할 것을 종용하고 있는데, 이에 대해 반발하고 있는 실정이다. 따라서 지방자치단체와 주민과의 접점을 찾는 것이 중요하다고 생각한다.

- 점증하는 하회마을 방문객은 문화유산 보호와 주민의 사생활 침해 등 많은 문제점을 던져 주고 있다. 이런 문제점에 대한 관리와 보호대책이 강구되어야 할 것이다.

Ⅶ. 지역개발정책 및 계획과의 관련성 여부

A. 관광정책

- 하회마을은 안동지역을 중심으로 한 유교문화권 개발사업으로 마을정비사업 추진 중에 있다(2007년도 완료 예정). 마을의 원형 보존을 우선으로 하여 문화재보호구역 밖에 관광객을 위한 편의시설을 건립하고 있으며, 기존 마을의 원형과 경관을 훼손하는 시설물을 철거하고 있으며, 하회마을 관광개발계획 용역을 의뢰하여 계획을 수립(2003년, 2006년, 2회)한 적이 있다.

B. 지역사회개발정책(공업단지, 진입로, 주택건설 등)

- 문화재보호구역 내의 각종 건축물 및 시설물 설치를 제한하고 있으며, 마을 진입로 등 최소 편의시설물은 경관의 훼손을 최소화하는 범위에서 시행하고 있고, 하회마을 보호구역 및 완충지역 내에 개발계획은 없다.

Ⅷ. 문제점

A. 탁월한 보편적 가치(OUV)

- 하회마을은 유사 유산과 비교하여 볼 때 탁월한 보편적 가치를 지닌 것으로 판단된다. 특히 조선시대 유교문화와 관련된 반가, 정사, 정자, 서원 및 이들 건축과 관련된 문화경관을 갖추고 있을 뿐만 아니라, 서민들의 주거, 생활문화, 풍속을 알 수 있는 민가, 민속, 관련 건조물들이 있다.

B. 보전관리 정책

- 하회마을은 문화재보호법에 따라 주변 500미터 내부에 대한 현상변경 심의대상이 되어 보전관리가 이루어지고 있지만, 병산서원, 화천서원, 옥연정사, 겸암정사 등의 문화유산을 모두 포함해서 세계유산으로 신청하기 위해서는 주변 경관을 아우르는 종합적인 보호 및 완충지역 설정이 필요하다.

C. 주요 위험요소

- 하회마을은 지역경제 성장을 위한 개발 압력을 받는 어려움이 없다.

D. 잠재적 위험요소

- 증가하는 관광객은 하회마을 보전의 큰 위험요소가 될 가능성이 있다. 따라서 하회마을에 들어설 가능성이 큰 여러 시설에 대해서는 지속적인 감시 및 관리가 필요하다.

IX. 종합의견

A. 조건 충족여부

- 하회마을은 진정성, OUV 측면에서 세계문화유산으로 등재될 수 있는 환경, 건조물, 문화경관의 요건을 충족하는 문화유산으로 판단된다.
- 하회마을을 세계문화유산으로 등재 신청할 때에는 하회마을의 건축뿐 아니라, 하회마을 주변의 병산서원, 화천서원, 옥연정사, 겸암정사를 포함하여 건축물군(group of buildings)과 진화하는 경관(con-

tinuing landscape)의 평가기준이 적용되도록 검토함이 좋을 것이다.

- 하회마을은 경주 양동마을과 더불어 조선시대 양반들의 생활상과 주거양식을 보여주는 대표적인 반촌이다. 그러나 양동마을과는 여러 가지 면에서 대조적이다. 하회마을이 강물이 마을을 휘돌아가는 평지에 조성되었고, 양동마을은 산등성이에 의지하는 마을이다. 그리고 하회마을은 풍산 류씨의 단일 집성촌이 북촌과 남촌으로 나누어 구성되었지만, 양동마을은 여주이씨와 월성 손씨의 두 성씨가 있는 집성촌이다. 하회에는 동제의 일부로 별신굿 등 전통 민속이 전해지지만, 양동에는 이렇다 할 동제가 없고, 2~3년에 한 번씩 정월 보름이나 추석 전후에 줄다리기를 하는 세시행사가 있는 정도이다. 그러므로 하회마을과 양동마을은 특성을 달리하는 마을로 별도로 세계유산으로 신청하는 것이 좋다.

- 안동시는 유네스코에서 지정한 세계유산이 있는 도시이거나 향후 지정 가능성이 충분하다고 판단되는 도시로 구성된 단체인 세계유산도시연맹(회원 수 : 79개국 215개 도시)에 2006년 10월에 가입하였고, 세계평화에 공헌하고 역사도시 간의 교류를 통해 전통과 창조, 보존 및 역사도시 간의 무궁한 발전에 기여하고자 세계역사도시연맹(회원 수 : 49개국 65개 도시)에 2004년 10월에 가입하는 등, 세계유산의 보호와 관리에 적극적인 면을 보이고 있다.

- 안동시는 해마다 안동국제탈춤페스티벌을 개최하고 있으며, 세계 각국의 탈문화에 대한 자료수집, 연구 등을 통하여 무형유산을 보존 활용에 기여하고자, 시가 주축이 되어 세계탈문화연맹을 2006년 9월 창립하였으며, 회원 수는 현재 30여 개국이다.

- 안동시는 하회탈춤도 세계무형유산으로 등재하는 것에 대해 검토할 필요가 있다.

하회마을 보호지역

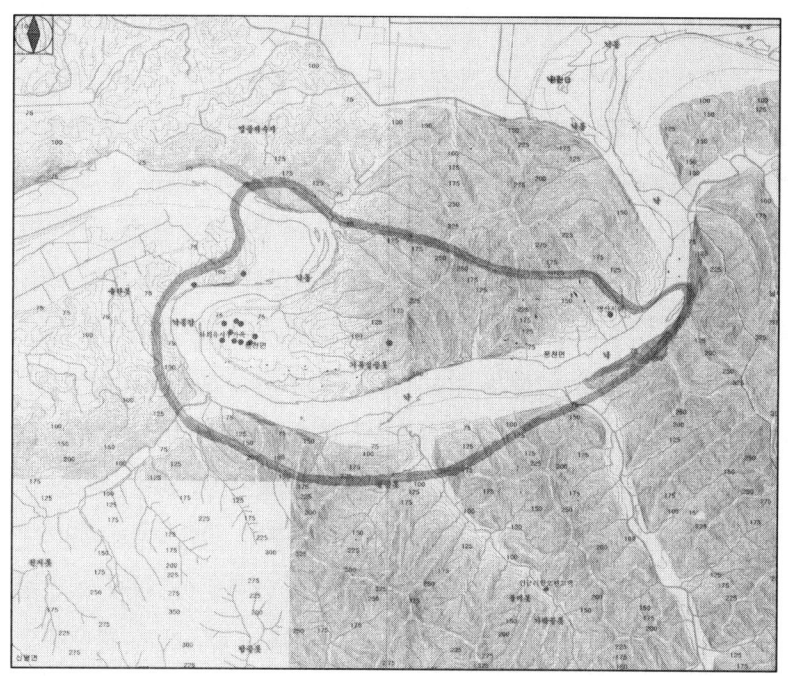

2. 월성 양동마을

I. 유산유형

세계문화유산 양동마을은 조선시대 양반문화와 서민문화를 알 수 있는 마을구조와 건조물들이 있는 문화유산에 속한다.

II. 유산개요

양동마을은 경주에서 형산강 줄기를 따라 포항 쪽으로 16km 떨어진 곳에 있다. 마을은 주산인 설창산의 문장봉에서 산등성이

가 뻗어 내려와 '물(勿)'자 형의 지세를 이룬 네 능선과 골짜기, 물봉 동산과 수졸당 뒷동산의 두 산등성이로 구성되어 있다. 이렇게 골짜기와 능선의 산등성이 중허리에 살림집과 정자, 서당이 들어서 있다. 마을의 진입로 쪽은 경사가 급한 산으로 외부에서 시선이 차단되어 마을의 전체 모습은 골짜기 밖에서는 잘 드러나지 않는다. 넓은 안강평야에 임한 양동마을은 물자형 산곡이 경주에서 흘러드는 형산강 물줄기가 서남간방의 역수(逆水)로 맞는 지형으로, 역수는 마을에 끊임없이 부(富)를 가져다준다고 한다.

현재 양동마을의 입향조(入鄕祖)는 양민공 손소(1433-1484)이다. 양민공은 장인인 유복하의 상속자로 이 마을에 들어와 손씨 입향조가 되었으며 지금의 월성손씨 종가인 서백당을 창건하였다고 한다. 손동만씨는 그의 19대 종손이다. 양민공의 딸은 여강이씨 번(蕃)에게 출가해서 아들 둘을 두었는데, 그 맏아들이 회재 이언적(1491-1553)이다. 회재는 외가인 양민공댁(지금 서백당)에서 탄생하였으며, 12세부터는 외숙인 우재 손중돈(1463-1529)에게 훈도를 받았고, 24세에 문과에 급제하고 후일 대학자가 되기에 이른다. 이 후 양동마을은 다른 집성촌에서는 찾아보기 힘들게 월성손씨와 여강이씨의 양성 관계가 존속되는 조선시대 유명한 반촌이 된다.

마을의 안쪽 골에는 손씨와 이씨의 대종가인 서백당과 무첨당이 각각 내곡과 물봉골에 위치하고 있으며, 바깥쪽 골에는 손씨와 이씨의 파종가인 관가정과 향단이 위치한다. 양동마을에는 200년 이상의 역사를 지닌 큰집들이 30동이 넘으며 종가일수록 산등성이의 높고 넓은 터에 위치하고 파종가들은 좀 낮은 자리에 위치한다. 이러한 반가들은 옛날에 솔거노비를 집안에 두거나, 외거노비를 집 바깥 주위의 가람집에 두었다. 이들 종가와 파종가에 속하는 정자와 함께 재실, 비각, 족보, 문집, 고문서, 위토 등은 양동마을이 조선시대 반가임을 보여주는 상징에 속한다.

양동마을에는 국보 1점(통감속편), 보물 4점(무첨당, 관가정, 향단, 손소영정), 중요민속자료 13점(서백당, 낙선당, 사호당, 상춘헌, 근암고택, 두곡고택, 수졸당, 이향정, 수운정, 심수정, 안락정, 강학당), 도지정 유형문화재 2점, 기념물 1점, 만속자료 1점, 문화재자료 1점, 향토문화재 9점, 모두 32점의 문화재가 있으며, 마을 자체가 중요민속자료로 지정되어 있다.

양동마을 반가들의 기본구조는 대개 ㅁ자형이거나, 튼ㅁ자형을 이루고 있으며, 간혹 ㅁ자 외에 대문 앞에 행랑채를 둔 예도 있다. 예외적인 것으로 ㄱ자나 ㅡ자집을 여러 동 혼합 배치하는 예도 있다.

양동마을이 반촌으로 이름이 있는 것은 마을에 현재 남아있는 가옥과 지형적 경관뿐 아니라, 유가적 사상과 관습을 강하게 지녀온 데에도 하나의 요인이 있다.

양동마을에는 한국의 전통 마을에 일반적으로 전승되어온 동제는 존재하지 않았다고 하며, 세시풍속도 여름 삼복 후의 머슴놀이인 호미씻기, 2~3년에 한 번씩 있었던 정월보름, 추석 때의 줄다리기 등이 있었을 뿐이라고 한다.

Ⅲ. 기준(Criteria)과 타당성

ⅱ) 기준 : 오랫동안 지속된 유교문화에 의해 형성된 마을구조와 건축물이라는 점과, 마을을 둘러싸고 있는 자연 지형을 잘 이용하여 산등성이에 형성된 마을이란 점에서 돋보이는 마을이다.

ⅳ) 기준 : 양동마을에는 조선초기부터 오랜 기간 형성된 월성

손씨와 여강이씨, 두 가문의 종가 및 파종가, 그리고 종가, 파종가와 상관관계를 잘 보여주는 마을구조와 가옥들, 그리고 정자와 서당이 있다.

IV. 가치 분석

A. 진정성

- 양동마을은 15세기 이래 월성손씨와 여강이씨의 집성촌으로 존속했으며 지금도 마을 주민 중 두 성씨가 70%를 점하고 있다.

- 마을의 건물 배치는 20세기 초까지 존속한 반촌의 구조를 유지하고 있다. 또한 마을은 구릉지대에 주거를 배치하고, 하부에 경작 가능한 땅을 농사용으로 잘 이용하며 보존하고 있다.

- 양동마을 자체는 중요민속자료 제189호로 지정되었으며, 마을에 현존하는 건축물 중에는 무첨당, 향단, 관가정이 보물로, 서백당, 낙선당, 이원봉가옥, 이원용가옥, 이희태가옥, 수졸당, 이향정, 수운정, 안락정, 강학당이 중요민속자료로 지정되어 문화재보호법에 의해 보호되고 있다.

- 마을은 풍수지리에 의해 입지하였으며, 마을의 배치, 건물의 좌향 등이 자연환경과 조화로운 모습을 하고 있다.

- 마을의 정자와 서당 등은 조선초기부터 이어져 내려오는 유교문화를 바탕으로 형성된 경관을 이룬다.

- 마을은 1984년 문화재보호법에 의해 중요민속자료인 민속마을로 지정된 이래 정부당국의 적극적인 보호와 보존정책에 의해 진정성을 유지, 보존해 오고 있으며, 주변 970,000m²을 보호구역으로 지정하여 마을의 전통적인 경관의 변경을 막고 있다.

B. 완전성

- 양동마을의 주변 자연경관은 잘 보존되어 있다.

C. 유사 유산과의 차별성, 특징

1. 국내

- 양동마을은 '勿'자형 형국을 하였는데, 구릉지대에 마을이 입지
하고, 가용 농경지가 아래에 위치한 우리나라 마을 중에서 가장
대표적인 마을에 속한다. 이 점은 강가에 입지한 안동 하회마을
과 입지조건이 다른 차별성을 갖는다.

- 양동마을에는 반촌임을 증거하는 종가, 파종가, 정자와 서당이
아직 있다.

- 양동마을의 서백당, 무첨당, 관가정, 향단 등은 문화재적, 건축
적 가치가 높은 건축물이다.

- 양동마을에 지금까지 지켜지고 있는 무형문화유산인 세시풍속
과 불천위제사 등은 이 마을의 미풍양속이며, 이를 보존하려는
후손들의 의지가 확고하다.

2. 국제

- 양동마을은 월성손씨와 여강이씨 두 가문이 6백 년 이상 지속
하여 거주하였고, 앞으로도 계속 거주할 것이라는 점에서, 그리고
구릉지에 자리잡은 독특한 입지환경과 마을 공간구조에서, 다른
어떤 세계유산과 비교해도 차별성을 부각시킬 수 있다.

- 양동마을의 손씨와 이씨 후손들은 조선시대 양반들의 유교문
화와 세시풍속을 잘 보존하고 있으며, 이를 잘 보존하려는 의지
가 확고하다.

- 상주하는 주민의 숫자는 중국의 유사한 유산과는 비교할 수
없으나, 다른 유산과 비교하면 훨씬 유리한 형편이다. 이러한 마

을의 경제는 전통적인 경제 기반인 농업이 유지되는 한 유리하
다. 일본의 시라카와고(白川鄕)에는 전통적인 경제 기반은 완전히
상실되어 있다.

- 양동마을과 차별성을 비교할 수 있으며 세계유산으로 등재되
어 있는 국외 유교문화권의 마을로는 중국 황산 아래에 있는 홍
춘과 시디촌(2000년 등재)을 들 수 있으며, 양동마을은 이들 마을에
서 볼 수 없는 마을구조와 특성 있는 건축물들이 있다.

V. 보호지역, 완충지역(ZONING)의 타당성 분석

보호지역 면적	969,430㎡
완충지역 면적	보호구역(지정구역) 외각경계로부터 500m 이내 지역

- 분석 의견 : 문화재보호법에 의해 문화재보호구역이 설정되어
있고, 잘 보호되고 있다.

VI. 보존 관리능력 분석

A. 법·제도, 조직, 재원

- 양동마을은 문화재보호법에 의해 보존되고 있으며, 마을의 보
존관리계획은 경주시에 의해 수립된 적이 있으나, 마을 관리를
위한 계획이 아직 미흡하다. 다만, 보수정비계획에 따른 보존관리
의 원칙으로 양동마을의 원형 보존을 위하여 이 마을 전통가옥의
특징과 마을이 지니고 있는 환경을 최대한 지킬 수 있도록 하고,
모든 건조물의 보수는 관련 법규에 의해 시행함을 원칙으로 하고
있다.

- 문화재 정비사업에 따른 재원은 국비 지원과 도비, 시비로 매년 보수 정비하고 있다.

- 마을의 보존관리를 위한 조직 및 체계는 경주시 기획문화국장이 마을총괄관리를, 문화재과장이 마을보존·관리를 하고 있으며, 기타 문화재관리 담당, 시설담당관 등 16명이 있고, 향후 양동민속마을 관리사무소를 신설할 계획을 가지고 있다.

- 보존관리를 위한 협력단체로는 10명으로 구성된 양동민속마을 보존관리 위원회(현재 위원장 손덕익)가 양동마을 운영 및 보존에 관한 사항, 양동마을 정비에 관한 사항을 협의하고 있다.

- 양동마을 보존정비사업은 종합정비기본계획에 의거해서 가옥(446동), 기반시설(공동구 설치, 도로 포장, 소하천 정비, 교회 이전 등), 편의시설(주차장, 홍보센터, 유물전시관, 안내소 등)에 대한 정비계획을 하고 있다.

- 그간 수행한 주요 추진현황은 유물전시관건립, 공동구시설, 공중화장실건립, 공동농기계창고, 임시주차장건립, 양동마을교회이전 계획 등이 있다.

B. 세계유산에 대한 이해도

- 양동마을 운영 및 관리를 담당하고 있는 경주시의 관련 직원과 양동마을 관계자는 세계유산제도에 대해서는 알고 있으나, 세계유산제도에서 요구하는 구체적인 내용에 대한 이해도가 높지 않은 것으로 보인다.

C. 직원의 관리능력 수준 및 교육프로그램

- 경주시의 양동마을 담당자는 세계유산 신청에 따른 관련 항목을 충분히 숙지하고 있다고 판단되지 않다. 따라서 세계유산 신청과 관련하여 관계 요원의 교육과 훈련이 필요하다고 사료된다.

D. 지역주민과의 관계: 재산권 등

- 주민들이 세계유산으로의 등재 가치를 충분히 인지하고 있지 않다.

Ⅶ. 지역개발정책 및 계획과의 관련성 여부

A. 관광정책

- 양동마을은 청소년을 대상으로 전통문화의 실질적인 체험을 통한 "뿌리" 발견과 주인의식을 고취하기 위해 충효사상과 전통예절 교육으로 자라나는 청소년들에게 '나라사랑' 마음과 건전사회 기풍을 진작하고, 특징 있는 민속마을로 육성하고, 이를 관광자원화 하기 위해 전통 서당 및 민속놀이 체험교실을 운영하고 있다.

- 마을주민의 화합과 결속도모, 그리고 마을의 볼거리를 제공하여 관광자원화를 위해 양동마을에서는 정월대보름축제를 시행하고 있다.

B. 지역사회개발정책(공업단지, 진입로, 주택건설 등)

- 문화재보호법에 의해 양동마을의 문화재보호구역 내의 각종 건축물 및 시설물 설치를 제한하고 있다.

- 경주시는 다른 문화유산을 다수 보유 관리하고 있기 때문에 양동마을에 대한 특별한 개발정책은 없는 것으로 보인다.

Ⅷ. 문제점

A. 탁월한 보편적 가치(OUV)

- 양동마을은 유사 유산과의 비교를 통해 탁월한 보편적 가치를 지닌 것으로 판단된다.

B. 보전관리 정책

- 양동마을은 현재 대도시에서 일정한 거리를 벗어난 지역에 입지하고 있기 때문에 보전정책을 세우기가 유리한 이점을 지니고 있다.

- 유형문화재로 지정된 중요한 건축물 중 빈 집으로 남아 있는 건물에 대한 대책이 강구되어야 한다.

C. 주요 위험요소

- 현재 점증하는 양동마을의 방문객은 문화유산 보호와 주민의 사생활 침해 등 많은 문제점을 던져 주고 있다. 이런 문제점에 대한 관리, 보호대책이 강구되어야 할 것이다.

IX. 종합의견

A. 조건 충족여부

- 양동마을은 진정성, OUV 측면에서 세계문화유산으로 등재될 수 있는 환경, 건조물, 문화경관의 요건을 충족하는 유산으로 판단된다.

- 양동마을을 세계문화유산으로 등재 신청할 때에는 건축물군(group of buildings)을 적용할 것을 검토함이 좋을 것으로 사료된다.

- 양동마을은 안동 하회마을과 더불어 양반들의 생활상과 주거양식을 보여주는 대표적인 마을이다. 그러나 양동마을과는 여러 가지 면에서 대조적이다. 따라서 하회마을과 양동마을은 별도의 세계유산으로 신청하는 것이 바람직하다.

양동마을 보호지역

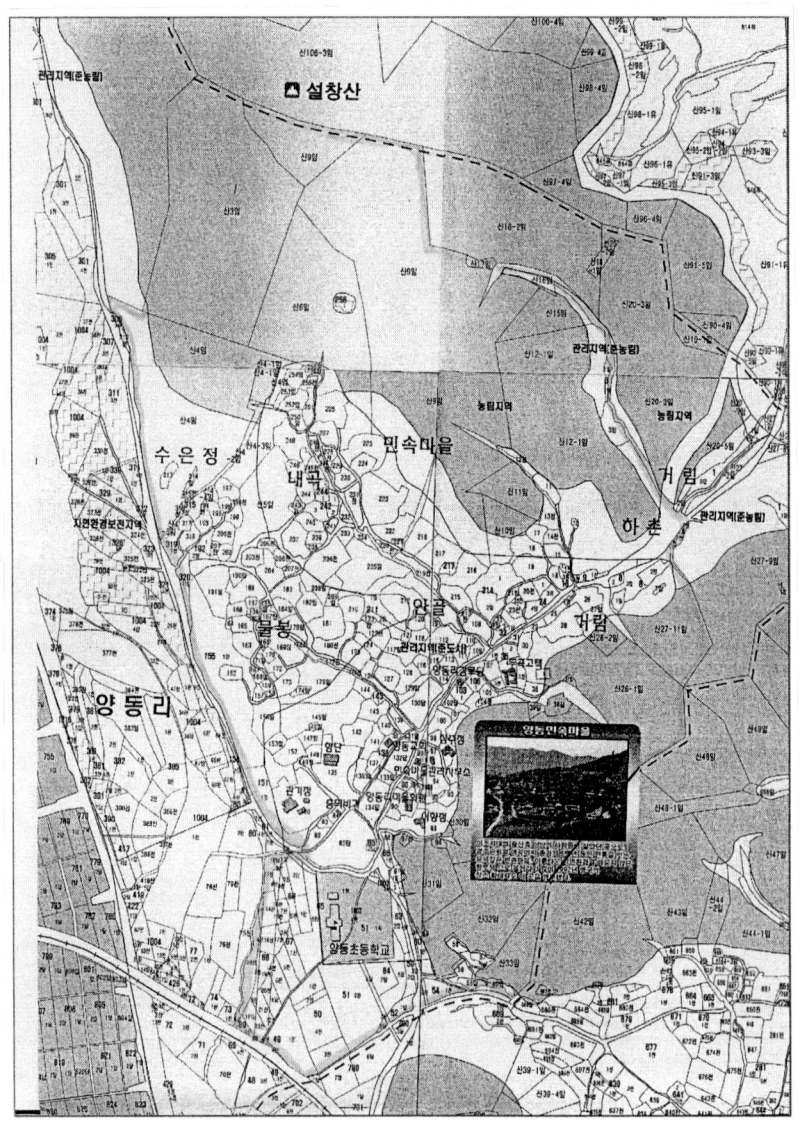

제3장 사람 사는 마을 등록 사례

이 글은 이융조 교수의 정년기념논문집인 『역사와 실학』 32집 특집호, 2007년 6월에 기고한 글이다.

세계유산은 최근에 들어 유네스코 회원국의 증가와 세계유산의 효용성을 인식하여 서로 다투어 세계유산등재 외교를 벌리게 되면서, 세계유산으로서의 전문적 차별적 특성을 좀 더 뚜렷하게 요구하는 추세가 되면서 새로운 등재기준을 마련 실시하게 되었다.

필자는 여기서 새로운 등재기준에서 요구하는 보편적 특성으로 기존의 기준 이외에 정통성과 완전성에 있어서 "세팅(setting)"도 중요한 판단의 기준이 되고 있음을 소개한다.

세계유산으로서 유사한 마을을 탐방한 후 이 마을의 보편적 특성 등을 소개하고 비교하며, 하회마을의 경우 관주도의 일방적인 문화재보존정책으로서 현실과의 괴리를 간단히 짚어 보았다.

I. 등록기준의 여건변화

1. 새로운 등록기준

세계유산협약 실행을 위한 운영지침[5]은 지속적으로 보완 수정하여 2005년 새로 작성하고 발표하였다. '세계유산협약' 제1조(문화유산의 정의)의 기념물(Monuments), 건조물군(Groups of buildings) 및 유적(Sites)의 정의를 확대하여 새롭게 '문화경관'(Cultural landscape)을 추가했다. 그리고 적용할 '보편적 가치'의 기준을 문화와 자연유산을 통합하여 10개의 범주로 통합하였다. 새로 개정된 운영지침은 협약가입국이 세계유산 등재시에 지침으로 삼을 수 있도록 '문화적 경관, 도시, 운하, 및 루트(Cultural landscapes, Towns, Canals and Routes)'에 관한 부속서류가 첨가되었다.[6]

2. 정통성, 완전성 및 균형성과 타당성

정통성(Authenticity)의 규정은 Par 24(b)에 유산은 디자인, 재료, 기법 또는 주위환경(setting)의 정통성을 유지할 것과, 문화경관의 경우 원 상태에 대한 구체적인 입증이 있어야 함을 요구하고 있다. 그러나 현실적으로 인간이 현재 살고 있는 대부분의 유산지(heritage site)에서는 위의 규정과 같은 정통성은 충실하게 지킬 수 없는 어려운 범주라고 생각된다.

유네스코 문화유산등록이 보다 더 세계 각 지역을 "대표하고 균형성과 타당성을 목표로 한 세계전략"(2005 세계유산등록운영지침

---

5) Operational Guideline for the Implementation of the World Heritage Convention, UNESCO-WHC, 2005년 2월

6) WHC Guideline on the Inscription of Specific Types of Properties on the world Heritage List, Annex #3, Operational Guideline, 2005년 2월

54, 55절)[7]을 공표하고 유산에 관한 규범이 확대되었다. 사람들이 현재도 계속 거주하는 유산의 등록기준이 재정립되고 있다. 지속적으로 문제되어 온 것은 등록될 유산이 과거로부터 현재까지 그리고 미래에도 사람들이 거주하거나 이용하는 역사지구, 역사지구의 일부인 경우 탁월한 보편적 가치를 증명하기 위한 기준 (i)~(vi), 진정성(authenticity)과 통합성(integrity)의 적용 문제였다.

세계문화유산을 다룰 때, 제일 비중 있게 다루는 것은 '진정성에 관한 나라(Nara奈良) 선언문'이다. 여기서 '역사지구(historic district)'는 1) 오랜 시간에 걸쳐 발전(evolve)하는 것이며, 무엇보다도 사람들이 살고 일할 수 있는 공동체로 기능해왔기 때문에 복수의 역사적 층(historic overlays)이 만들어진다는 것, 2) 사회경제적 개발과 생활공동체의 복지와 역사적 도시의 보존과 상관관계가 있으므로 지역주민의 필요(needs)를 고려해야 함을 인정함으로써 진정성보다는 통합성을 중시하는 해석을 낳았다. 세계문화유산은 점차 유형의 물질적 문화유산의 보존에서 넓은 시야 즉 인간과 그 환경의 총체적인 보존, 즉 문화적 경관의 보존에 노력하고 있다.

미국 ICOMOS는 1966년 WHC가 제정한 3개의 문화경관 범주를 인용해서 "문화적 유산 보존에서의 정통성은 우리들 문화의 살아 있는 속성과 구분해서 보존할 수 없고, 이 속성은 항상 쇠퇴하고 다시 태어나는 것이다. 그러므로 이에 대한 우리들의 접근은 …, 역동적인 자료(문화경관과 도시 또는 비도시 지역 등)와 비역동적(relatively static)인 것을 구별해서 다루되… 현재와 미래를 포함하는

---

7) WHC : Operational Guideline-2005 ; Paragraph 54는 "WHC위원회는 제26차 WHC가 채택한 바에 따라 4대전략목표에 합치되는 세계유산 등재명부를 작성할 수 있도록 (각 지역을) 대표하고, 균형성과 타당성을 확립하는 데 있다."

모든 시기의 이용을 중요하게 다루어야 한다. 왜냐하면 모든 우리의 문화는 과거와 현재에 계속 변화하고 있기 때문이며, 변화는 바로 경험의 정당한 반영이기 때문이다"[8]라고 하는 의견을 피력하였다.

사람이 계속 거주하는 공동체(continuing community)에서의 문화유산 보존에 있어서 유형의 건물의 정통성만 강조할 수 없을 뿐만 아니라 일상생활을 영위해서 해당 문화유산과 분리할 수 없는 요소인 주민의 필요를 감안해야 함은 분명한 것이다. 또한 유형적 요소(건조물 등)를 보수하는 경우 현재 확보할 수 있는 재료의 입수 가능성 그 경제성은 물론 이를 재료를 사용해서 보수할 수 있는 전래의 무형적 기능을 해당 생활공동체가 확보하여 수행할 수 있는가를 평가한 다음에 과거 재료를 이용하여 보수하여야 나갈 수 있다고 본 것이다.

3. 환경적 구조

나아가서 '시안 선언(Xian Declaration 2005)'은 현대 도시의 변화하는 환경 속에서 문화유산을 보호하기 위해서는 유산이 놓인 '세팅(setting - 주변 환경)'을 보호해야 한다고 규정한 바 있다.[9] 더 가까이는 2007년 5월 ICOMOS 비엔나 각서를 통해서 '역사적 도시경관(Historic Urban Landscape - HUL)'의 관리를 규정하였다. 요점은 'HUL은 자연적 및 생태적인 구조 속에 건축물 군, 건조물과 공터(Open space)를 가지고 있으며, 이런 구조는 고고학적 및 생태적인 구조

---

8) US/ICOMOS International Symposium on Authenticity in the Conservation 1996; 선언문

9) Xian Declaration, 2005년 10월, 섹션7 "......setting의 변화는 유적(site)의 완전성에 영향을 줄 수 있다."

(context)로서, 고고학적 및 태고생물학적 유적을 포함한 오랜 시간에 걸쳐 도시적 환경을 구성한 인류취락의 맥락에서 규정해야 한다.'고 하였다.

이보다 앞서 세계유산위원회는 2003년 '도시를 세계유산으로서 인정할만한 변화의 한계(limits of acceptable growth)'를 규정하기 위한 전문가회의를 개최하였는데, 특기할 만한 것은 처음으로 유산보존전문가뿐만 아니라 도시 시정관계자, 저명한 건축가 및 개발사업자를 초청한데 있다. 이 회의에서 작성된 것이 "비엔나 메모랜덤2005"이다. 각서는 이제까지 나왔던 국제적 헌장과 권고안이 도시의 변화하는 상황을 수용하지 못하고 있다고 지적한 다음, 문화유산의 개념은 확대되어 가고 도시보존과 개발에 있어 지역적 종합성(territorial context)에 근거하는 새로운 접근과 방법이 필요하다고 보았다. 이러한 배경으로 작성된 비엔나 각서는 "기존의 역사적 패턴, 건물군 및 종합성에 근거하여 현대건축과 지속적인 도시개발 및 이에 따른 도시경관의 통합성을 상호 연계하는 접근방법의 중요한 선언이 되었다.

2005년 세계문화자연유산보호협약에 관한 정부 간 총회는 '비엔나 메모랜덤에 바탕을 둔 역사도시경관 보존에 관한 선언(Declaration on the Conservation of Historic Urban Landscapes, 29COM 5D결정)'을 채택하였다. 선언에 의하면, 비엔나 메모랜덤은 WHC의 요청에 의하여 역사도시경관보존에 관한 현안으로서:

-HUL은 형태와 그 이전의 도시 역동성(dynamics)에 하나의 층을 형성하는 것으로 지역의 자연과 도시화의 상호작용에 의해 생긴 것이며;10)

---

10) The landscape, as a stratification of previous and current urban dynamics, with an interplay between the natural and built environment

-역사도시경관에서의 바람직한 현대건축의 역할;

-도시의 경제와 역할의 변화 특히 관광과 개발에 의한 외부적 요인[11]을 정리 반영한 것이라고 설명하였다.

세계유산 제도 운영에서 유네스코 WHC와 ICOMOS 전문가 집단의 이러한 인식의 변화와 추가적인 유산의 종류에 재규정 노력이 2005년 운영지침의 부속서류#3 "세계유산 등재시 준용할 특정유산에 관한 지침"의 공표인데 여기에는 "문화적 경관, 도시, 운하 및 루트"가 규정되어 있다. 통합성에 준용할 등록기준은 현재 입안 중이다.

이러한 세계유산에 관련한 최근의 흐름, 세계유산 유형의 개념 및 종류의 재정리, 재분류 그리고 신규 유산의 도입 등과 관련하여 우리나라가 잠정목록으로 제출한 정주공동체 유산은 어떤 해석과 심사를 받게 되는지 면밀한 검토가 요청된다고 할 것이다.

문화경관을 문화재의 하나로 보려는 움직임은 일본에서 문화경관을 "문화재의 정의"에 새로 규정하면서 구체화되었다. 2004년도 개정된 일본 문화재보호법은 세계유산의 이러한 흐름에 맞추어 제2조 "문화재의 정의"를 다음과 같이 여섯 개로 개정하였다.

즉, ① 유형문화재, ② 무형문화재, ③ 민속문화재, ④ 기념물, ⑤ 문화적 경관, ⑥ 전통건조물군으로 구분한다. 일본문화재법은 "전통건조물군"이라는 항목을 두어 도시의 경우 "역사적 거리(歷史的 町並み)"로서, 농촌의 경우 역사적 취락으로서 모두 54개의 지역이 지정 보존되고 있다.

다음은 세계유산으로 등재된 다음 여섯 군데 마을의 등재기준 (criteria)을 살펴보기로 한다.

---

11) non-local process such as tourism and urban development

1) 체코 홀라쇼비체(Holasovice)

▣ 현황

체코의 중세도시로 세계유산으로 등재된 부데쇼비체(Budesovice-Budweiser) 타운으로부터 약 20킬로 떨어진 전형적인 농촌마을로 독일농부가 18~19세기 일군 마을이다. 제2차 세계대전 이후 독일인이 완전히 철수하여 체코인들이 입주한 마을이며, 완전하게 잘 보존된 중부 유럽 전통건축으로서 18~19세기의 높은 수준의 토착건축을 포함하고 있다.

ICOMOS는 1997년 마을이 OUV(탁월한 보편적 가치)를 가지지 못한다고 판단했는데, 체코당국은 "중부유럽 민가 건축의 비교연구"를 포함하여 전통성과 현재 활용자료를 추가 제출하여 등재되었다.

카테고리: continuing cultural landscape

범 주	신청 사유	ICOMOS 평가
i 창조적 능력의 걸작		
ii 건축술 예술 등 발달의 교류	○	남 보헤미안 민속바로크식 건축이 혼합하여 예외적 형식의 토착건축을 건축한 대표적 사례
iii 현존(소멸)문명의 독특한 증거	○	건축을 분석하면 구 건축기술의 바탕위에 새로운 기술의 적용을 볼 수 있음.
iv 건축 조경 발달의 역사적 단계증명	○	예외적으로 완전하고 양호한 보존이 중유럽의 전통적 농촌취락을 대표할 만함
v 손실위기에 직면한 주거와 촌락	○	고도로 조직화된 농경지와 아름다운 전원풍경과 더불어 관광객이 늘어나고 있음.
vi 세계적 전통사상 습관 등과 연관		

체코정부는 보헤미아와 인근 지역의 학술적 건축연구자료를 제출했는데 이는 "민속 바로크(Folk Baroque)" 건축에 관한 중요한 사례연구이다. 이 마을은 1993년 CIVVIH(ICOMOS의 역사적 읍촌학술분과위원회)회의에서도 추천된 바 있다.

2) 헝가리 홀로코(Holloko) 마을

■ 현황

홀로코 마을은 헝가리 수도 부다페스트에서 북쪽으로 약 100km 떨어진 산악지방에 위치한 농촌 마을로서 슬로바키아 국경지역에서도 그리 멀리 않은 노그라드(Nograd) 행정구역 안에 있다. 해발 5~600m 고지대에 있는 팔로츠(Paloz) 부족 농가의 특징은 도로를 축으로 양옆에 늘어선 장방형의 건물군이 특이한 경관을 이룬다. 주택들은 이 마을의 중심이 되는 성당에서 Y형으로 갈라진 거리를 직각으로 하여 나란히 배치하고 재료는 석축기단에 벽돌과 목재 지붕과 발코니를 지은 다음 건친 회색 도장을 했다.

과거에는 후손의 주택은 필요에 따라 후면에 일자형으로 배치 건립했는데, 1950년경부터 마을 근처의 광산과 채석장 사업이 번창하여 마을 주민이 많이 고용되자 젊은 층은 마을 어귀에 새로운 부락을 만들어 옛 마을과 새마을로 구분하였다. 세계유산으로 지정된 곳은 옛 마을이다. 공산주의시절에 집단농장 과정을 겪었음에도 마을의 구조나 주택 형태는 변하지 않은, 중부 유럽에 남은 몇 안 되는 사람이 사는 마을이다.

범 주	신청 사유	ICOMOS 평가
ⅰ 창조적 능력의 걸작		
ⅱ 건축술 예술 등 발달의 교류		
ⅲ 현존(소멸)문화문명의 독특한 증거		
ⅳ 건축 조경 발달의 역사적 단계증명		
ⅴ 손실위기에 직면한 주거와 촌락	○	-현존 거주 마을로서 보존에는 농경지 보존도 포함됨. -영농 변화 이전의 전통적 양식의 농촌 풍경이 아직 남아 있음.
ⅵ 세계적 전통 사상 습관 등과 연관		

3) 중국 홍춘(宏村)과 시디(西梯)

▣ 현황

안휘성 황산(黃山)광역시 이현(Yixian) 홍춘과 시디마을은 청(淸)조 말기 이전의 모습과 구조를 잘 유지하고 있는 농촌마을이다. 중국에는 역사도시로서 리장(麗江)과 핑야오(平遙)의 두 도시가 세계유산으로 지정되어 있는데 홍춘과 시디는 농촌마을로 지정된 유산으로 중국화남지방의 독특한 지방색을 아직 갖추고 있다.

중국의 취락은 대부분 혈연에 의해 구성되고, 농사가 주된 생산수단이며 마을의 위치, 집들의 배치 등이 풍수지리설에 의해 결정되는 경우가 많다. 이 마을도 대부분의 중국의 취락에서 찾아 볼 수 있는 바와 같이 배산임수(背山臨水)에 원칙에 따라 집락을 이루며 발전해 왔다. 그리하여 홍춘과 시디마을에는 전통취락의 주택과 자연과 조화를 고려하여 건축된 전형적이면서도 독특한 경관을 발견한다.

범 주	신 청 사 유	ICOMOS 평가
	중국 강남 호상(豪商)의 집성촌 전통마을로서 자연과 함께 훌륭하게 원래의 모습을 보존	
ⅰ 창조적 능력의 걸작		
ⅱ 건축술 예술 등 발달의 교류	잘 보존된 마을은 학계와 예술계의 주의를 집중시켜주었고 주거에 대한 모델이 됨	
ⅲ 현존(소멸)문화문명의 독특한 증거	사라지는 안휘의 주거양식이 그대로 잔존하는 증거	봉건시대의 주거의 생생한 실례 (graphic illustration)
ⅳ 건축 조경 발달의 역사적 단계증명	당, 송대로 거슬러 올라가는 건축과 주거의 높은 수준을 반영	주거지역건물과 거리가 오래 지속된 사회경제구조를 반영
ⅴ 손실위기에 직면한 주거와 촌락	마을은 돌이킬 수 없는 변화에 직면한 마을	중국의 전통적인 비도시 취락이 잘 유지 보존
ⅵ 세계적 전통 사상 습관 등과 연관		

4) 일본 시라카와고(白川鄉)

▣ 현황

기후현과 도야마현에 위치한 3개 마을로 구성되어 있는데 도시지역에서 멀고 교통의 불편하였기 때문에 인구만 빠져나간 채 노령화된 주민에 의해 유지되어 온 농촌 마을이다. 1세기 전의 자료에 의하면 이 지방 일대에는 93개 취락에 1800동 이상의 합장조(合掌造り) 농가주택이 있던 것으로 조사되는데 1994년경에는 그 92%가 소멸되고 겨우 140여 동만 남았다.

1995년 12월에 UNESCO 세계문화유산으로 등록된 시라카와고(白川鄕)의 정식 행정상의 명칭은 기후현(岐阜縣) 오노군(大野郡) 시라카와무라(白川村) 오기마치구(荻町區)이다(오기마치 집락(集落; 민가가 모여 있는 곳)이라고 부른다).

1994년 당시 호수 152가구, 인구 634명, 농지면적 45.6ha(이중 수전 약 80%)의 산간농촌집락(山間農村集落)이다.

이 마을 주택의 특징은 "기리주마 갓쇼 주꾸리(切妻)"가 특징인데 이 민가의 정의는, 일반적으로는 내부를 적극적으로 이용하기 위해, 사수(又首)라고 불리는 갓쇼(合掌)재 통나무의 조합구조에 갓쇼(合掌)식 지붕을 가진 초가집이라고 할 수 있다.

시라카와고 기준(Criteria) – ⅳ, ⅴ

범 주	신청사유	ICOMOS 평가
ⅰ 창조적 능력의 걸작		
ⅱ 건축술 예술 등 발달의 교류		
ⅲ 현존(소멸)문화문명의 독특한 증거		
ⅳ 건축조경발달의 역사적 단계증명	○	마을은 주변 환경에 완벽하게 적응한 인간 취락의 모범적 사례

5) 베트남 호이안(Hoian), 1999 – ⅱ, ⅳ

베트남 중부 다낭 근처에 대중국, 대일본 무역으로 번성하던 전통적 교역 항구로서 중국과 일본 상인들이 세운 건축 유산이 잘 남아 있는 동남아 유수의 교역항으로서의 유산이 보존되어 있다. 대부분의 건물은 18세기에서 20세기 초까지 지어진 건축물인데 건물군이 좁은 거리에 전통적 모양으로 잘 줄지어 배치 있다.

따라서 전통적 생활풍습, 종교 및 요리가 보존되고 있으며, 전통
축제가 개최되고 있다. 건물과 거리 패턴은 재래와 외래의 영향
이 잘 혼합된 독특한 잔존 취락이다.

Criteria	신청 사유	ICOMOS 평가
(i) 창조적 능력의 걸작		
(ii) 건축술 예술 등 발달의 교류	○	v 국제무역항으로서 일정기 간동안 문화의 융합이 이루 어진 뚜렷한 물질적 증거
(iii) 현존(소멸)문화문명의 독특한 증거	○	
(iv) 건축발달의 역사적 단계증명		
(v) 손실위기에 직면한 촌락	○	v 아시아의 옛 무역항으로서 예외적으로 잘 보존된 주거 지역
(vi) 세계적 사상 습관 등과 연계	○	

6) 중국 핑야오(平遙), 1996 - ii, iii, iv

범 주	신청사유	ICOMOS 평가
i 창조적 능력의 걸작		
ii 건축술 예술 등 발달의 교류	o 2700년 전 유적이 뚜렷하게 남아 있음	○
iii 현존(소멸)문화문명의 독특 한 증거	o 19C 후반 중국 금융의 중심	○
iv 건축 조경 발달의 역사적 단계증명	o 2700년 전 유적이 뚜렷하게 남아 있음	○
v 손실위기에 직면한 주거와 촌락	o 14~19C의 한족의 도시계획을 반영	
vi 세계적 전통 사상 습관 등 과 연관		

핑야오는 산시성(山西省) 황하 부근의 물산집산지로서 고대의 금융업이 중국에서 가장 발달되었던 역사적 특성이 잘 보존된 도시로서 명, 청대의 한족 건축물의 대표적 사례로 꼽힌다.

Ⅱ. 안동 하회마을의 경우

1. 현황

2006년 말 세계문화유산으로 등재된 기념물과 유적(이하 유산이라고 함)은 830개, 이 중에 도시지역 내에 인구 5천 명 이상이 정주하는 유산이 340개지만, 인구 1천 명 이하가 거주하는 비도시(non-urban settlement)는 5~6개에 불과하고 이들 유산은 모두 2000년 이전에 등재된 유산이다. 마을 단위 거수 공농체를 HUL로 보기에는 불합리한 점이 많다고 할 것이다. 그러나 앞으로 등록될 유산은 "기념물", "건축물군" 또는 "유적" 중 하나에 해당하며, 이 중에도 역사적 도시는 "문화경관"에 "문화경관, 도시, 운하 및 루트"를 포함시키고 있기 때문이다. 이미 등록된 농촌적 유산이 "문화적 경관" 또는 "건조물군"으로 분류 심사된 것을 보면 이에 대한 연구와 대비가 요구되는 시점이라고 생각한다.

우리나라 문화유산 중에는 2개의 거주마을이 세계문화유산 잠정목록에 등재되어 있고 이 중 안동 하회마을은 잠정목록에 등재를 신청한 지 10년이 지났다. 하회마을의 경우는 전문가에 의해 많은 연구가 진행되었고, ICOMOS전문가 모임도 여러 번 치렀으며 2006년에는 ICOMOS, 아시아태평양지역 회의에서 "안동선언"을 채택한 바 있다. 결론적으로 말하면 하회마을은 관리계획이나 주민의 이해 협력도를 제외하고는 현재 지정된 다른 세계문화유산 마을과 비교해도 손색이 없을 뿐만 아니라 진정성, 통합성 상태는 아주 양호하다는 것이다.

2. 하회마을의 기준(Criteria) 타당성

ii) 기준: 오랫동안 유교문화와 민속문화가 지속되어 오면서 형성된 마을 구조와 건축물이라는 점과, 그리고 마을을 둘러싸고 있는 자연지형을 잘 이용하여 형성된 마을이라는 점에서 돋보이는 마을이다.

iv) 기준: 하회마을에는 600년을 이어오며 형성된 종택, 그리고 종택과 상관관계를 잘 보여주는 마을구조와 전통가옥들이 있다.

v) 하회마을은 한국의 현대화 산업화 과정에서 훼손되지 않고 옛 모습을 잘 보존하고 있는 몇 안 되는 역사적 취락이다. 사람과 환경의 상호작용을 대표하면서 전통적인 거주지로서 토지와 환경을 탁월하게 잘 이용한 대표적인 마을로서, 이는 제도적인 보호와 지원이 없으면 사라져 갈 가능성이 큰 유산이며 전통이다.

vi) 기준: 하회마을은 집성촌으로서 오랜 세월 동안 형성되어 지금도 종가를 중심으로 행해지고 있는 불천위제사와 병산서원의 제향, 그리고 지금도 지속되고 있는 줄불놀이, 하회 별신굿 탈놀이와 같이 아직 살아있는 유교문화와 민속문화의 전통, 그리고 마을을 감싸며 흐르는 낙동강 주변에 형성된 자연과 걸맞게 건립한 서원, 정사 등 유교문화경관이 있다.

3. 진정성

하회마을은 1600년대부터 풍산 류씨의 집성촌으로 존속하여 왔으며, 현존하는 건축물 중에는 보물, 사적, 중요민속자료로 문화재보호법에 따라 국가지정문화재로 지정되어 보호되고 있다. 건축물 이외에도 하회마을에는 국보 2건, 보물27점이 국가지정문화재로 지정되어 있으며, 이러한 문화유산은 하회마을의 진정성을 높이는데 중요한 역할을 한다.

4. 완전성

하회마을의 주변 자연경관은 잘 보전되어 있을 뿐만 아니라, 유교문화와 결집된 문화경관을 형성하고 있다. 즉 하회마을의 취락구조와 건축물로서 한국의 대표성을 띠는 것으로 볼 수 있으며, 조선시대의 반촌임을 증거하는 건축물이 남아 있어 후손들이 거주하고 있다. 양반문화를 알 수 있는 제례 및 줄불놀이와 같은 행사도 보존되고 있다.

세계문화유산으로 등록된 마을과 차별성을 가지고 있는 것으로 조사되었다. 즉 하회마을은 풍산 류씨 가문이 600년 이상 지속하여 거주하여 왔으며, 반촌의 풍류문화와 세시풍속 등이 살아남아 전해지고 있으며, 이를 보존하려는 주민의 의지가 확고하다. 주거공동체 (Living world Community) 중 이러한 무형의 전통을 유지하고 있는 유산은 국외의 다른 나라에는 없다.

위에서 인용한 바와 같이 등록기준(criteria) 및 정통성(authenticity)과 완전성(Integrity)에 있어 뛰어난 조건을 갖추었음에도 불구하고 등재 신청하지 못하는 주요한 이유는 보존관리계획을 수립하지 못하고 주민의 이해와 지지를 얻기가 쉽지 않기 때문이다.

법으로 지정된 민속자료인 "주거마을"에 대한 우리나라의 문화재 보호정책은, 지속적 거주로서 시대 경과에 따라 계속 변화하여 역사적 중층(layers)이 생겼고, 그러는 가운데 보편성이 유지되어 온다는 사실의 인식과 주거공동체에 대한 배려가 부족하다.

"문화재원형 보존원칙"은 화석화된 문화재에는 몰라도 현재 거주하는 마을에 강요할 수는 없는 것이다. 마을은 수리시설이 도입되어 농지 정리가 이미 끝나고 영농이 기계화된 비닐하우스 농사는 농촌경관을 바꾸어 놓았다. 국민의 주거 면적이 역사상 다시 없었을 정도로 커졌다. 이제 과거 신분의 상징인 초가집에 살려는 사람은 없을 것이다. 초가지붕을 유지하는 재료의 확보도 이를 개수할 노동력도 없어진 지 오래다. 정부에서 개수비 전액을 지급한다 해도 이 속에서 사는 주민들이 환영하는지는 의문이다. 오히려 문화재 보존정책이 국민의 재산권과 행복추구권에 저촉하는 일은 없는지 고려해야 한다. 이런 현상 아래서는 주민의 이해도나 능동적인 협력이 부족하기 마련이다.

제4장 하회의 전통과 무형유산 지속 가능한가

이 글은 영어로 작성하여 2008년 10월 캐나다 퀘벡시에서 개최된 ICOMOS 총회에서 발표 수록된 것으로(Presentation 772EXm242 / ICOMOS - GA Quebec, Canada, 2008), 하회 마을의 유형 유산과 무형유산과의 관계를 다룬 것이다.

【요지】

하회마을은 낙동강 변에 위치한 인구 257명의 작은 농촌 마을이다. 마을의 풍경을 부용대에서 바라보면 바로 밑에 흐르는 낙동강 물줄기가 굽이굽이 S자형을 그리며 돌아가는 모습으로 강을 돈다는 뜻으로 하회라도 부른다고 한다. 마을은 15세기 유운룡이 입주한 이래 가문이 번창하여 류성룡과 같은 영의정을 내는 등 류씨 문중의 문중이 중심이 되는 양반마을로 내려왔다. 류씨 문중은 이 마을에 서원을 내서 후세에 유학을 가르치고 종손, 종가를 중심으로 하는 양반마을의 전통을 이어 왔다.

그러한 연유에서 이 마을에는 양반이 부리던 평민과 하류사회가 마을의 전통으로 발전시켜온 하회탈과 탈춤이 한국의 무형문화유산으로 남아 있을 뿐만 아니라, 마을에 남아있는 선유줄불놀이와 같은 무형유산이 아직 살아남아 있어 한국의 전통문화를 이어주고 있다. 여기서는 하회마을의 전통 탈춤이 한국의 공연예술작품이 되었다는 것과 아직 살아있는 조상을 위한 제례를 중요한 무형유산으로 기술하고자 한다.

　예전에 마을의 전통으로 이어져 왔던 탈춤은 사회적 변화로 없어졌던 것을 국가적 또는 공공의 노력으로 복원시켰고, 조상에 대한 제례와 문중의 모임은 마을 거주 종가에 의해 유지되고 있다. 마을의 무형 마을유산으로는, 유형문화재로 등록된 『징비록』과 같은 전적 외에 무형의 제례인 불천위제사와 문중의 정기 모임이다. 이런 전통이 보존되고 있는 중요한 요소는 '종가(宗家)'라는 제도에 있다. 과연 하회마을의 전통은 계속 보존될 것인가?

Traditions and Spirit of Hahoe
Can they be retained?

Abstract

This presentation is about the relationship between tangible and intangible heritage in Hahoe village. It discusses two important cultural traditions: 1) Hahoe mask dance which became a theatrical performance, 2) Ancestral rites and clan assembly. Social change inevitably made mask dance to be revived through public efforts. However, ancestral rites and clan assembly are still sustained by villagers. Prime factor on this heritage is Jongga or official heir. Can we retain the spirit of Hahoe in the future?

1. Introduction

Hahoe village is a living community, with population of 257 in 127 household (June30, 2008), situated in a beautiful bend of the Nakdong River in Andong City area (36°48'N-128°40' E) and listed as a tentative site in the World Heritage List. It is a clan village with about four fifth of population Ryu clan.

Hahoe is primarily a subsistence agricultural village, producing a range of products for domestic consumption, revolving around rice and other cereal grain cultivation. Streams in the Andong region never dry up-creating favorably stable conditions for the cultivation of paddy-rice.

Until relatively recently the village was able to resist modernization because of its relative inaccessibility plus cohesiveness of the clan. This is now changing with the development of new national communications and transportation infrastructure. With the industrialization and urbanization that took place during the past four decades, the population decreased to one fourth level as compared with mid 20th century village population (1,000). The median age are 60 but increasing

The Ryu's settlement began when Ryu Chong-hye, the founder of the Pungsan Ryu clan, moved into this village in the 14th century. Since then, Hahoe village has become the clan's haven. The village has become better known as the home of Ryu Songryong, the sixth generation of the founder and a Confucian scholar and statesman (premier) who led the resistance effort during the Japanese invasion in 1592, died here and left numerous relics including his war memoirs. There is a memorial museum, Chunghyodang (house of Ryu Seongryong's heirs), built in 1656.

Andong is home to the well-preserved Korean culture of splendid old temples and traditional Confucian academy. Homes of the hereditary nobility (yangbans) and academies (sowon) still exist and continue to be revered. Because the region is in the heart of the traditional Confucian culture, the provincial authority launched "Kyongbuk Confucian Culture Zone Development Plan" to preserve these traditions. Hahoe is in the heartlands of this Andong traditional Confucian culture zone.

Rich cultural heritages have survived in Hahoe Village. Houses and buildings of typical aristocracy and commoners are scattered throughout the village. Documents, artifacts and intangible assets are abundant.

It is one of few living communities with Ryu as dominant inhabitants. In the core of this cultural landscape are cohesiveness of the clan centering with Jongga (house of Jongson or hereditary great grand son) and practice of ancestral worship under the neo-Confucian code.

2. Setting and tangible heritages

When one overlook from atop of *Buyongdae* hill just across the river, the village commands a panoramic view with its sandy beach, pine trees along the bank, gently creeping farmlands and hills on the west. The village is split into two parts by the main road built along the ridgeline of the hill. The houses are positioned in such a way to harmonize with its natural environment and face all directions offering undisturbed vista. Village thus creates a winding and semi-circular layout to match its circling river.

Village of Hahoe is also called '*muldoridong*'(a village of water curve) because the Nakdong River circles around the village in the shape of "S" or "Ω". The *feng shui* theorists interpret the shape of village as representing a perfect pattern of *tacguk* (source of dual principle of *yin and yang* that form universe). They also believe, because of its good location, to be the reason why Hahoe could produce so many great people and enjoy peace over a long time.

Confucianism reached deep into the countryside, and this ideology has caused very real imprints on rural agricultural landscape. Hahoe rural settlement is a *yangban* (Korean hereditary aristocratic family) dominated clan village with such prominent figure as Ryu Seongryong and his elder brother Ryu Un-ryong (1539-1601). The members of the *yangban* family continued to study for, and took the state examination and served in the royal court in Seoul. After retirement, they would return to their homeland.

Confucianism was first introduced into Korea much earlier, but the Neo-Confucianism was finally proclaimed the official ideology and code in state affairs in 1392. When not working as officials for the government, Confucian scholars of *yangban* class liked to retire to the mountains and forests near to their original home where they were respected by their academic followers and fellow clan members, forming strong social and sometimes political groups on the basis of ancestral and academic ties.

The *yangbans*, retirees or descendants of scholar-officials, used the *seowon* as their scholarly and social activity. The *sowon*, modeled after the private Confucian academies of Sung, China, began as local centers for the study of Confucianism and education. After the 16th century, the institutions became the hub of social and political power all over Korea

Besides these architectural structures, characteristic of the landscape is the *jeongja*- an open-sided, tiled-roofed wooden pavilion. These are usually built in locations overlooking or in places of natural beauty, particularly streams and rivers and on cliffs or hills. The right to enjoy the scenery from these pavilions and the opportunity to share leisure life was enjoyed only by *yangban* men. These *jeongja* created a particular symbolic imprint on the cultural landscape of the time. Such pavilions imbued with Neo-Confucian ideology, in particular filial piety, also served as symbolic places to bind a lineage group together.

There are 318 traditional houses, most of which are those of Ryu descendants. Houses such as *Yangjindang* (*Jongga* house of Ryu Unryong's, Treasure No. 306), *Chunghyodang* (Jongga house of Ryu Seongryong, Treasure No. 414), *Bukchontaek* (Important Folk Material No. 84), *Namchontaek* (Important Folk Material No. 90), *Ogyeonjeongsa* (Important Folk Material No.88), and *Gyeomamjeongsa* (Important Folk Material No.89) are designated as National Important Treasure. These and several other houses are regarded as a representative *yangban* house of the middle Joseon Dynasty. Besides this, there are numerous thatched farmhouses that intermingle with tile-roof houses. With these as background the entire village as 'Folklore Material #122' under the Korean Law in 1984.

Another noteworthy heritage is *sowon* in and around the village. About three kilometers from Hahoe is the splendid traditional structure of the Pyungsan S*eowon* erected in honor of Ryu Song-ryong and Hwachon Seowon across the river from the village.

The clan's *Jokbo* or Genealogy registrar should also be noted as tangible heritage. In Korea beginning from about 15th century, important noble clans published genealogy registrar to record name, date of birth and date of death, place of burial and important career of each descendants. It is centuries old family history published every twenty to thirty years. Today, because of social change, it is disappearing cultural tradition. There are only few clans that still publish genealogy. Hahoe's Ryu clan published newest edition in 2006.

3. Intangible Heritages

Being a *yangban* dominated agricultural village, there exist both nobility and commoner's culture. Such unique heritage, which is rare, still survives.

3.1 MASK DANCE

The mask dance drama was a local tradition of the commoner class during the *yangban*-dominated agricultural community. This festival would take place every few years when there is abundant harvest. The practice of mask dance drama(*talchum*), performed outdoors in open-air venues on special feast days both the nobility and the common people could enjoy. After the feast/performance was finished, the villagers burnt the wood or paper masks believing that the spirit of the *tal* could be preserved that way. Because of this tradition, few masks were preserved. Masks from Hahoe (*Hahoe tal*) and Yangju have been preserved luckily, and thus have been designated as national cultural property.

During the 20th century, hereditary servants and hired laborers, which consisted commoners class, dissolved gradually. By later 20th century, Hahoe also witnessed shrunk of village population as young people left the village for education and better employment. Farming mechanization replaced laborers.

The last known staging of the Hahoe Mask Dance Drama by villagers was in 1928.

The present Andong Mask Dance Preservation Group was formed in 1975 and performs the mask dance drama of Hahoe. The group reenacted the mask dance in National Folklore Contest and in 1980 the government has designated the dance drama as national intangible cultural property no. 69. It is officially recognized as holder of the intangible heritage.

The heritage now sustains with government financial support and gives regular performance in the village for the tourists. Andong Municipality has been staging the Hahoe International Mask Dance festival since 1997.

3.2 BOATING AND FIREWORK CELEBRATION

If the mask dances are festival of those commoners, *Sonju-julbul-nori* or the Boating and Fireworks Celebration are that of nobility. The Hahoe *yangbans* held poem-reciting festival on boats on the river circling the village. Every few years in summer when busy farming is over and prospect for harvest is good, the clan's Confucian scholars gather and hold this festival in the evening. They invited scholars and noble family from other towns and aboard boats they recite poems and drink. It is charcoal fire that creates magnificent firework scene as they rolls down the rope like falling flowers. The festival held in 1928 was the last. The community of Pungsan (Hahoe is part of it) is trying to restage the show as local festival.

3.3. ANCESTRAL RITES (JESA)

Ancestral veneration is common culture especially in East Asia, where Confucian tradition is strong. They honor the deeds and memories of ancestors with the belief that ancestors tend to our well-being even after death. In these cultures, veneration serves to cultivate filial piety, continuity of family lineage and cohesiveness of family. The rites provide, they argued, a connection between the dead and the living. In Korea, ancestral worship is commonly referred to by the generic term *jesa* or *jerye*. Most notable example is royal veneration ceremony, *Jongmyo jerye*, held for kings and queens of Joseon period. It is a UNESCO World Oral and Intangible Heritage.

During the Joseon Period(1392-1910) the ruler mandated indoctrination of Neo-Confucianism as national code. Neo-Confucian teaching considered it a primary responsibility of filial descendants to worship one's ancestors. From royal palace to common people throughout the country, it has been time-honored tradition to hold ancestral rites. The tradition is most obvious in erecting monuments, shrines or memorial hall to honor Confucius, prominent scholars and family ancestors.

Modern Korean society still retains some of these traditions. Even now there are still large national movement of people to their rural homes and ancestral tombs during the two most observed folkloric holidays to pay homage to their ancestors and parents. This tradition helps strengthen unity and harmony among family members and relatives.

Jesa is divided into two category; deathday rite (kijesa) held in house and offerings at tomb (myoje).

Kijesa is held annually on the dawn of deathday. The tablet of ancestor is brought in from shrine house, and elaborately prepared sumptuous food is offered. Dressed in traditional mourning white robes and wearing traditional hats, elderly men offer libations of food and drink before the spiritual tablets of their ancestors. While offering first cup of wine to the spirit symbolized in the tablet, an invocation is read. After this, major offspring take turn in offering wine and bow two and a half times. In front of the table is a space large enough for persons to make a prostrate, head-to-floor bow.

The host of the service is direct grandson of a family, which is called *Jongson*. Jongga is the house where *Jongson* lives. Ryu's *jongga* retains age-old utensils specially for the ancestral rites and recipe for ritual good and drink. And thus Hahoe's jesa food is an important cultural heritage.

3.4. BULCHONWI JESA - Continuing deathday rite.

Annual observation of deathday rite is discontinued after fifth generation. 5th *Jongson* normally buries his ancestor's tablet at this juncture. But then there is another ever lasting *Jesa* which is called *Bulchonwi*. *Bulchonwi* means 'an ancestral tablet that should not be buried even after fifth generation descendants but to be enshrined so that the tablet can be brought in continuously for annual deathday rite'.

Veneration for those remote ancestors more than 5th generation, *myoje* is normally held at graveyard. On certain days in a year, such as arriving of spring or after harvest, male descendants do offer service to their ancestors collectively.

There are two different kind of *Bulchonwi jesa;* royal *bulcheonwi* endowed by Joseon kings to those prominent statesman/scholar and that recommended by *hyangyo* (local Confucian scholarly organization). It is observed in the same manner as *kijesa,* but the difference is that *bulcheonwi* rite, non-family members notably Confucian scholars are invited to participate. Descendants of these ancestors take it as an honor of the clan.

In the village of Hahoe there are five *Bulchonwi jesa.* Annual *bulchonwi jesa* dedicated to Ryu Seongryong is more than four hundred years old tradition.

3.5. *Yuksohoe* (Gathering for visitation to six ancestral tombs)

Member of the Ryu clan gather en masse in the village to stage joint worship rites to six forefathers before Ryu Jong Hye, the clan's founding father. On the 10th day of lunar October every three years, descendant males gather, divided into six group, with offering food boxes in their hands at the six ancestral tombs and perform veneration rite together. This custom is vital in maintaining filial piety and cohesiveness of the clan. It is said that Ryu Seongryong initiated this gathering and thus is 400 years old tradition. A television media gave special coverage for this rare event in 2002. This custom is vital in maintaining Confucian filial piety and cohesiveness of the clan. Nearest one is due on October 2008.

4. Continuity

Changes in society that took place from the beginning of the 20th Century and culminated in 1970s affected the rural landscape and its intangible assets. During the last century, from collapse of kingdom of Joseon by Japanese colonization(1910-1945) to the division of Korea into the south and the north followed by Korean War(1950-53), Korea underwent great social change. Almost all the traditional community setup and class structure of the Joseon Dynasty have been dismantled during these period. Until 1960's nine out of ten lived in the rural area. As the nation embarked on an industrialization process from 1960s, drastic population exodus from the rural area took place. In the course, GDP ratio of agricultural sector, which was 70% until mid 20th century, has changed to mere 10%. Dissolving of class meant no more servants, nor seasonal farm helpers. Farm machines replaced them. Traditional fabrics were gone.

Only Hahoe and few other rural villages survived in terms of tangible assets. These villages still continues to be living communities as they have been for centuries.

Of the three intangible traditions, there are no Confucian scholars to perform *Sonyu-julbul-nori*, nor are commoners to play mask dances. They are in the process of becoming theater programming or are reconstructed as a festival. It may be one of the desirable transformation and revitalization of intangible heritage that no longer be able to survive in its own rural context.

Jesa or the deathday rites would be the only heritage that are retained and being practiced by descendant villagers. It is a self-sustained heritage being preserved by clan with *Jongga* in the center. Causes for well-preserved *Jongga* system in Hahoe village are:

1) Awareness of and respect for Confucian value and traditions by the clan.
2) Awareness and sense of proud of their common ancestors.
3) Awareness by *Jongga* of the duty and privilege.
4) Recognition and respect accorded to *Jongga* by branch families.
5) Economic endowment from ancestor

Jongga, the house of *Jongson*, symbolizes long lineage of the family. Role of *Jongson* is to uphold tradition of the family and worship of ancestors. He keeps the estate handed down from his ancestor and preside several family rites.

Present Jongson is 14th generation grandson (of Ryu Sung Ryong), who returned to assume his duty from his teaching profession outside the village. In Hahoe Ryu clan, it has been tradition that *Jongson* would return to the village during his mid career and retire to engage in duty as *Jongson*. As long as the clan can preserve this tradition, they can sustain *Jongga* system, a tradition that vanished in most of the country.

The *Jongson* performs about 12 *jesa* annually. In the past cost for preparation and maintenance came from farm income specifically designated for this purpose. Machine farming reduced farm income and is becoming big economic burden to the host. Beginning from 2001, Hahoe Heritage Society provides some financial subsidy to *Jongson* to prepare these rites.

Tradition of ancestor veneration, clans gathering and the rite itself are few valuable traditions that can still be found in the village. How to conserve these traditional cultural heritages may be primarily the task of the clan themselves. Conservationists and authority must find means to help retain these intangible traditions so that the village continues to be living and heritage community.

제5장 하회조사 보고서(2000)

문화유산 보존을 위한
하회마을 현황조사 및 향후 활동방안

이 조사보고서는 UNESCO 아태지역본부가 관광산업의 발전과 문화유산의 보호를 위한 새로운 협력양식을 개발하여, 관광산업을 통해 문화유산을 보존하는데 기여하면서 지역사회의 경제적 성장을 이끌어낼 수 있는 방안을 모색하고자 아시아 태평양지역 아홉 개 세계문화유산지구에 대한 연구 워크숍에서 하회마을에 관한 프레젠테이션과 이 워크숍에서 참가전문가의 토의를 거쳐 나온 활동계획 요지이다.

이 조사연구는 UNESCO 한국위원회의 위촉에 따라 1999년 12월부터 2000년 1월까지 진행한 것이며, UNESCO가 제시한 지침에 따라 작성한 것으로 2000년 네팔 박타풀 회의에서 저자가 보고한 내용이다. 30여 개국 250명의 전문가가 모여 10일 동안 진행한 이 워크숍에서는 전문가가 각 유적지에 대한 관광과 보존개선에 관한 활동권고안을 토의·성안한 것이 6항에 첨부되어 있다.

1. 하회마을의 문화유산

1) 하회마을의 문화유산

(1) 하회마을의 역사적 가치

하회마을은 마을 전체가 중요민속자료 제122호로 지정된 문화재 지역으로 '유네스코 세계문화유산[12]' 지정을 위한 예비 목록에 등재된 곳이다.

가장 한국적인 생활양식을 보고 체험할 수 있는 하회마을은 다른 곳에서 찾아보기 힘든 독특한 지형을 가지고 있다. 이 마을은 3개의 나지막한 산—화산(271m), 원지산, 남산—에 둘러싸여 있으며, 낙동강 물이 동쪽으로 흐르다가 태극 모양인 S자로 마을을 감싸며 돌고 있어서, 마을의 지명이 '물돌이동 - 돌아가는 강'이라는 뜻인 '하회(河回)'가 되었다. 따라서 이 마을로 들어가는 진입로는 개방된 한쪽 면으로 난 육로 한 곳 뿐이다. 지역적으로 고립된 하회마을의 이러한 지리적 특성 때문에 전쟁과 외부의 침입으로부터 마을의 문화유적지이 훼손을 피할 수 있었다. 그러한 까닭에 하회마을에선 6백여 년이 넘는 전통문화유산들과 다양한 양식의 살림집들이 옛 모습을 잘 간직한 채 원형 그대로 보존해 있어서 한국의 양반문화와 서민문화의 단면을 볼 수 있다.

하회마을은 14세기 무렵인 고려시대(918-1392) 말, 풍산 류씨의 7대손 류종혜가 이곳에 터를 잡은 뒤 '풍산 류씨' 동성(同姓)마을로 형성된 곳으로, 조선왕조 때 영의정을 지낸 류성룡을 배출한 전통적인 양반마을이다. 하회마을에는 한국의 전통적인 가옥구조인

---

12) 한국은 1988년 '세계 문화 및 자연유산 보호협약'에 가입하였으며, 현재 모두 5점의 유산 — 종묘, 불국사와 석굴암, 해인사 팔만대장경 및 판전, 수원 화성, 창덕궁 — 이 세계유산 목록에 올라있다.

와가(瓦家)와 초가(草家) 등의 목조 고가옥 318동에서 현재 95세대 218명의 주민이 살고 있다.

(2) 하회마을의 매력

한국 전통문화의 아름다움을 가장 잘 간직한 민속보존 마을로서 한국 민족문화의 대표적 본보기라고 해도 좋을 하회마을의 매력은 자연과 인간, 그리고 그 사이에서 창출된 문화에서 찾을 수 있으며 다음과 같은 세 가지로 정리할 수 있다.

첫 번째, 하회마을은 풍수지리적인 관점에서 좋은 조건을 잘 갖춘 마을이라는 점이다. '태극' 모양으로 휘돌고 있는 낙동강 물과 산의 독특한 지리적 형상이 잘 어우러진 아름다운 풍광과 함께 그 태극형의 지형을 귀하게 여긴다. 그 까닭은 태극도설의 철학적 이치와 관련지어 이해할 수 있다. 특히 강과 산은 음양의 관계로서 태극 형상으로 맞물려 있으므로 특별한 의미로 해석될 수 있다. 태극은 음양의 대립과 조화, 그리고 그 가름과 만남을 통해 빚어내는 역동적 가변성과 생생력의 표정이 시각적으로 형상화되어 있어, 민족적 세계관의 뿌리를 절묘하게 개념적으로 형상화해주고 있다. 태극을 이루는 따뜻한 색과 시원한 색은 음양의 관계 속에서 서로 대립적으로 맞서면서 어울리는 관계에 있다. 위쪽에 있는 양극이 위세를 나타내는 것 같지만, 그 머리의 방향이 밑을 향해 있고, 아래쪽에 있는 음극이 짓눌려 있는 듯하지만, 머리가 오히려 양극을 치받치고 몸을 일으키는 형상을 하고 있다. 이렇듯 두 극이 서로 맞물려 순환하는 음양의 조화를 역동적으로 형상화하여 양인가 하면 음이고, 음인가 하면 양인 것이 태극의 역동성이자 가변성이며 생산성이자 다양성이다.

또한, 하회마을의 형상을 위에서 내려다보면 물 위에 연꽃이 떠있는 모양새인 '연화부수(蓮花浮水)'형이다. 연꽃은 꽃과 열매를 한꺼번에 갖추는 결실의 아름다움을 지닌 꽃으로, 이 형국은 자손이 번창하고 역사적으로 뛰어난 인물을 배출하는 것으로 알려졌다.

두 번째, 조선왕조 유교문화의 전통이 빚어낸 양반과 선비들의 명문 세도가의 상징적 마을로 또는 동성(同姓) 반촌으로 전형적인 한옥의 모습을 잘 보존하고 있는 민속촌이라는 점이다.

하회마을의 집들은 다른 마을과 커다란 차이를 보이고 있다. 일반적인 주택의 방향은 남쪽을 향하고 있지만 하회마을의 집들은 동서남북으로 두루 향하고 있다는 점이 특이하다. 한 가지 공통점은 모두가 강을 향하고 있다는 것이다. 이것은 여름의 무더위를 식혀줄 뿐만 아니라 앞이 시원스럽게 트이고 강물이 흐르는 풍치를 즐기기 위함에서이다. 자연을 거스르지 않고 순응하여 그 속에 동화되고자 하는 선조들의 슬기로움이 잘 나타나 있는 것이다.

마을의 구성은 화산의 얕은 능선을 따라서 길이 나고 그 길을 중심으로 남촌과 북촌으로 나뉜다. 그리고 길은 마을의 중심부에서부터 집집마다 개성적인 모양의 토담을 따라 방사선으로 부드러운 곡선을 이루고 있다. 반구(半球)형으로 불룩하게 솟아있는 마을의 중심부에는 사회적, 경제적, 정치적으로 지체가 가장 높은 집으로 알려진 양진당과 충효당, 북촌댁이 자리잡고, 지세에 따른 풍수지리를 고려하면서도 산과 강을 감상하기 위한 가옥배치라는 점이 하회마을만의 독특한 자연환경이 만들어낸 마을의 형태이다. 모두 318동의 건물 중에서 솟을대문의 양반가옥인 양진당, 충효당, 북촌댁, 주일재, 하동고택 등의 기와집 106동과 서민 가옥인 초가 131동 등이 길과 담장을 사이에 두고 조화롭게 배치되어 있다. 학문 탐구를 하던 옥연정사, 빈연정사, 겸암정 등의 정사, 인재 교육의 장이었던 병산서원과 화천서당 등이 아직도 잘 보존되어 있다.

세 번째, 하회마을이 지닌 수려한 자연환경은 이 마을 사람들로 하여금 유달리 풍성한 감성을 지니게 하였으며, 한국 전통문화의 상징과도 같은 하회탈과 '하회별신굿 탈놀이'라는 불후의 걸작품을 탄생시킨 원동력이 되었다.

하회마을의 놀이 가운데 12세기 중엽부터 서민들에 의해 이어져온 '하회별신굿 탈놀이'와 양반들이 즐겨 놀았던 '선유(船遊) 줄불놀이'는 양반과 서민의 문화가 서로 공존하고 있다는 것을 알 수 있게 한다.

하회마을에서는 매년 정월 보름(음력 1월 15일)과 사월 초파일(음력 4월 8일)에 마을공동축제의 하나로 동제(洞祭)를 지낸다.

별신굿은 이때 행해졌는데, 강신(降神) 즉, 신을 먼저 내려오게 한 다음 즐겁게 모시고 난 후(娛神), 신을 보내는(送神) 순서로 진행되며, 탈놀이는 그 중에서 오신행위에 해당한다. 신을 즐겁게 해드림으로써 마을의 재앙을 물리치고 복을 받으려는 것이다.

탈놀이의 내용은 양반과 선비의 허위성을 폭로함으로써 지배계층인 양반과 피지배계층인 상민 간의 갈등적 관계가 극(劇)화되고, 승려의 파계를 통해 당시 불교의 타락상을 드러내는 것과 피지배계층인 상민들의 삶과 애환을 풍자적으로 그리고 있다.

신분과 질서가 엄격했던 당시의 사회상으로 보아, 지배계층에 대한 비판으로 일관된 탈놀이를 통해서 공동체 내부에 내재되어 있던 계급 간의 모순과 문제점들이 완충 과정을 거치게 되고, 이

것이 다시 공동체의 기존체계를 더욱 강화하는 기능을 해왔다.

하회마을에서 눈여겨볼 것은 전통가옥의 양식이다. 중요민속자료로 지정된 대표적인 가옥은 북촌댁(北村宅), 원지정사(遠志精舍), 빈연정사(賓淵精舍), 류시주 가옥, 옥연정사(玉淵精舍), 겸암정사(謙菴精舍), 남촌댁(南村宅), 주일재(主一齋), 하동고택(河東古宅)이 있다. 이 중에서 북촌댁은 양진당과 더불어 북촌을 대표하는 가옥으로 철종 3년(1862년)에 지어졌다. 이 가옥은 하회마을에서 가장 큰 살림집으로 사랑채와 문간채, 별당, 그리고 사당을 두루 갖춘 양반 주택이다.

2. 개발전략과 주민

1) 안동 관광산업 현황

1999년도 안동시 지역을 방문한 관광객 수는 약 200만 명으로 추정하고 있으며, 이 중 하회마을 방문관광객은 100만 명 정도이다. 관광자원이라 생각한다면, 이러한 숫자는 만족하기 어렵다. 또한 200만 명 중에서 안동시에서 체류하는 숙박 관광객 수는 많아야 50% 정도로 추정된다. 하회마을을 방문한 관광객을 수용한 것은 더욱 미미하다. 이것은 당일 방문객 또는 이 지역을 통과해서 다른 지역으로 빠져나간다는 것을 의미한다.

그러나 안동을 중심으로 하는 경상북도는 유교문화가 잘 보존된 곳으로, 전통문화유적과 뛰어난 자연환경의 조화로 관광지로서의 전망이 밝다. 하지만 안동지역은 교통망 체계가 미흡하고, 만성적 낙후지역으로서 지속적인 인구 감소, 지역경제 낙후에 따른 투자능력의 한계, 전반적인 관광기반시설의 미흡 등으로 그동안 관광지로서 활성화되지 못하였다. 그러나 중앙, 중부내륙 고속도로의 건설과 예천공항의 시설확충, 중앙선, 경부선의 복선전철화 등으로 광역적 접근체계가 개선될 전망이고, 이에 따라 안동지역의 관광 활성화는 전망이 밝을 것으로 기대된다.

'하회마을'을 관광자원으로 적극적인 활용을 하기 위해서 안동시는 관광산업 발전을 위한 장기적인 전략을 세우고 있다. 그 내용을 보면,

첫째, 산악자원과 전통유교문화가 조화를 이룬 세계적 유교문화관광지로 안동지역을 조성하는 것이다. 이를 위해서, 안동을 거점으로 유교문화관광지를 조성하고, 풍부한 삼림과 계곡자원을 활용한 산악형 관광휴양지가 조성될 것이다.

둘째, 부채, 갓, 곰방대 등 유교문화와 관련 있는 기념품을 개발하고 헛제삿밥, 건진국시 등 독특한 음식문화를 개발하고, 관광객이 소비히는 돈이 지역주민들의 소득과 직결되도록 할 것이다.

관광객의 참여를 유도하기 위한 사업에서도 하회 별신굿 탈놀이, 차전놀이 등 무형문화재의 상설공연시설을 확충하고, 주기적인 관광과 문화 이벤트를 개최할 것이다. 이러한 사업이 안동을 매력 있는 관광지로서 발돋움하게 하고 관광객이 안동지역에서 좀 더 머물도록 하게 되기를 기대한다.

관광객 유치 목표수행을 위한 2001년 계획을 보면, 안동시에서 관광객 유치를 위한 관광객 서비스 시설인 숙박업소, 음식점, 현재의 주차 공간을 최대한 활용하는 것으로, 2001년도에 관광 숙박 및 편의시설 투자계획은 없다.

하회마을의 문화유산은 사유재산이다. 현재의 관리시스템에서 중요민속자료로 지정된 하회마을의 문화유산과 관련해서 주무 관리기관으로서 지방자치단체인 안동시가 직접 개입해서 수입을 창출할 방안은 하회마을 관람 입장료 수입 외에는 없다. 문화유산의 접근성을 고려해서 이에 대한 수입증대를 위한 입장료 인상계획은 없으며, 하회마을의 관광을 위한 기타의 서비스, 즉 관광 안내 서비스, 책자와 안내지도 제공, 공중화장실 이용, 하회별신굿탈놀이 상설 공연 관람 등은 모두 안동시의 재정적인 지원에 따라 무료로 이루어지고 있다.

이상과 같이 하회마을은 안동이라는 기초 지자체의 하나의 작은 부락에 불과함으로 하회마을이라는 자연부락 단위로 독립시켜 관광산업으로부터의 수입 증대방안과 재원확보계획을 입안하거나 강구할 수 없는 실정이다. 또한, 앞선 보고 기록에서도 밝혀진 바와 같이 안동시에서의 재원확보계획은 비단 하회마을에만 한정되는 것이 아니라는 점이다.

한국에서는 문화유산 보존에 관광수입이 조직적으로 개발되어 이를 문화유산보호에 투입된 경험이 그리 많지 않다.

또한 문화유산 보존정책의 중요한 역할과 재원이 중앙정부로부터 나온다는 사실도 간과할 수 없는 요소이다. 그러므로 문화유산 보존을 위한 재원으로서의 관광산업을 통한 재원확보 계획은 장차 연구개발 되어야 할 과제이다.

3. 지역사회의 변화

하회마을은 중요민속자료 지정과 함께 관광산업부문에서 많은 성장을 했다. 이에 따라 비록 무허가 영업형태이긴 하지만 지역사회 구성원들은 민박, 식당, 기념품점의 운영을 통해 관광산업의 주체로서 이 부문에 실질적인 참여를 하고 있다. 또한 '사단법인 하회마을보존회' 설립을 통해 하회마을의 문화유산보존과 관리에 참여를 하고 있으나, 풍산 류씨란 혈연관계에 있는 합의체의 성격이라 주민들이 자유로운 자기 의견을 말하고 이를 지역사회의 발전을 위해 능동적이고 융통성 있게 수용하는 커뮤니케이션 시스템에는 취약한 구조를 가지고 있다. 또한 사유재산권의 수행에 대해서 구속력, 통제력을 가질 수가 없으므로, 인곽의 변화와 개선에 대한 요구를 수용하고 실행하는 데에는 미흡한 점이 있는 것이 현실이다.

하회마을 보존회 회장은 대개 풍산 류씨가 맡는다. 보존회는 말하자면 주민에 의해 결성된 사치석 주민협의체이다.

하회마을 관광안내원은 지역주민이 아닌 외부에서 채용된 안내원을 두고 있으며, 주민이 경영하는 음식점 수는 23개점, 숙박시설은 민박 30개소, 관광기념품점은 8개소이다. 하화마을의 전통무형문화재인 '하회별신굿 탈놀이' 공연활동에 주민이 2명 고용되어 있을 뿐이다. 안동시가 설치 운영하는 하회마을 관리사무소에 주민이 4명 채용되어 있다.

그리고 주민의 생업을 보면, 하회마을 세대수의 절반가량은 농업에 종사하며, 나머지는 상업, 민박, 기타 업종에 종사하고 있다. 하회마을도 대한민국의 다른 농촌지역과 마찬가지로 특히 젊은 연령층 인구의 급격한 감소현상이 있다. 그 원인으로는 이농현상, 타성(他姓)가구들의 전출 등이 있다.

1) 전통문화의 복원

마을의 안녕을 기원하는 마을공동축제의 하나였던 '하회 별신 굿'은 1928년까지 전승되어오다가 마을의 경제적 어려움과 새로운 사조의 유입에 따른 전통적인 신앙이 파괴된 결과로 중단되었다. 그러다가 전통문화보존에 대한 재인식의 결과로 1980년에 중요 무형문화재로 지정되어서 복원되었다.

그러나 관광산업의 영향을 조사한바, 조금씩 영향이 나타나고 있다. 하회마을이 중요민속자료로 지정되고 관광객들이 늘어나면 서, 풍산 류씨를 제외한 타성(他姓) 토착원주민들의 이주가 늘어났 고, 생활의 제약과 불편함을 준다는 이유로 가옥의 소유주들과 젊은 지역주민들은 다른 도시에서 생활 기반을 잡고, 직업 또는 학업을 수행하면서 현지 가옥은 관리인에게 맡겨두는 경향이 늘 어났다. 따라서 하회마을의 현재 거주 주민은 평균 연령이 65세 정도로 노령층이 주를 이루고 있다.

하회마을의 거주자들은 전통적으로 농업을 주로 하며 살아왔으 나, 관광지역으로 노출되면서 지역 산업이던 농업을 그만두고 많 은 주민들이 일반 가옥을 개조해서 불법적으로 민박 및 식당, 기 념품판매업을 하면서 대체 경제활동을 하고 있다.

풍산 류씨의 동성(同姓) 마을로서 혈연관계의 지역사회 공동체 라는 점과 질서와 격식, 체면 등 유교의 전통을 중시하는 하회마 을의 전통적인 특성이 아직 그대로 유지되고 있어서 이 지역의 정신문화적인 오염은 명확하게 드러나지 않는다. 다른 관광지에서 간혹 볼 수 있는 미풍양속 저해나 풍속사범, 도난 등의 범죄 발생은 거의 없는 곳이 하회마을의 자랑이기도 하다.

물질적인 문화의 변화는 주택 구조의 변화에서 두드러지게 나타나고 있다.

하회마을은 앞서 설명한 것과 같이 지형적 문화적 특성 때문에 풍산 류씨의 동성(同姓) 마을로서 마을 전체가 중요민속자료로 지정되어 있어서 그 문화와 전통이 잘 보존되어 있는 지역이다.

주민들이 생활 편의를 위한 시설을 임의로 개조하고, 상업행위를 위한 가건물 설치 등으로 마을 전체의 경관이 변하고 있다.

한국의 생활민속이 그대로 보존된 고풍스럽고 전통적인 문화유적지이지만, 고전적인 아름다움과 조화를 이루지 못한 '안내표지판', 민박과 식당의 조악한 '간판', 전통미를 해치는 가로등, 콘크리트 도로포장, 마을의 스카이라인을 망치는 스피커 선, TV안테나 등은 하회마을의 전통적인 아름다움을 해치는 요소가 되고 있다.

관광 성수기인 봄부터 가을까지와 주말을 제외한다면, 청각적으로 하회마을은 소란스러움이라곤 느낄 수 없는 아주 조용한 마을이다. 저녁 6시면 모든 공개 가옥들은 문을 닫고 음식점들도 폐점을 하므로, 하회마을은 다음날 아침 9시까지 완전한 적막 속에 잠긴다.

하회마을의 관광객 증가가 1998년 대비해서 294% 증가했지만, 쓰레기 발생 증가의 지표는 다행히 비례하지는 않았다.

하회마을의 쓰레기 수집과 처리를 담당하는 풍천면사무소 산업계의 잠정적인 집계로는 1998년(연간 약 1,500톤)과 대비한 1999년 쓰레기 양적 증가는 연간 약 2,250톤으로 150~200% 증가로 보고 있다. 이는 문화유적지의 보존과 관련된 관광객들의 의식 변화에 따른 것이라고도 볼 수 있다.

하회마을의 쓰레기는 마을의 풍광을 해치지 않도록 4곳의 수집소에 쓰레기를 모으고 있고, 풍천면에서는 관광객을 위해 개방시간 전에 이를 수거하고 있다. 관광객 증가에 따라 주말과 관광 성수기인 3월부터 11월 사이에 집중적으로 늘어나기 때문에 하루 2회 쓰레기 수거를 하고 있다.

4. 주민 설문 조사 분석

이 조사는 네팔 박타풀 "문화유산과 관광" 회의에 제출하기 위해 1999년 12월부터 2000년 2월 사이에 실시한 것으로, 유네스코가 작성한 설문 문항에 따라 조사한 것이다.

이 조사는 하회마을 105세대 중 98세대의 회답을 얻어 통계 작성한 것으로, 연령별로는 20~40대가 43%, 40세 이상이 32%를 얻어 응답자의 교육 수준을 엿볼 수 있는 특징을 나타냈으며, 다시 이를 성별로 분류하면 여자가 53.6% 남자가 46.%를 보였다. 회답자의 직업별로 응답 수가 많았던 순서대로 보면 주부 30%, 학생 28%, 서비스업 24%, 농업 13%, 공무원 3%의 순으로 되어 있다.

1) 하회마을의 관광산업에 대한 주민의 의식

(1) 하회마을의 관광산업에 대한 전망

통계자료로 보자면 하회마을 관광객은 1999년 한 해 동안 전년도보다 298%라는 놀라운 증가가 있다. 하지만, 하회마을 주민들은 여기에 동의하지 않는 응답을 하고 있었다. 관광객의 수가 꾸

준히 증가하고 있다는 데 동의하는 주민은 79.4%였다. 이에 비해서 '하회마을의 관광객이 감소하고 있다'는 뜻밖의 응답이 16.6%, '관광객의 수는 변화가 없다'고 응답한 사람은 4.1%였다.

하회마을을 드나드는 관광객의 양적인 증가가 있었지만, 방문객 설문조사 내용에서는 관광객들이 '기대한 것보다 실망했다'는 회답이 많았다. 이처럼 관광객들은 관람에 대한 보상으로 제공하는 체류시간, 체재경비 등의 면에서 하회마을에 호의적인 반응을 나타내지 못했고, 이를 통한 주민들의 질적인 생활에는 큰 변화가 미치지 않았기 때문이 아닐까.

(2) 관광객들의 행동에 대한 주민들의 의식

관광객들의 옷차림에 대해서 '좋다'라고 응답한 사람은 68%, '상관하지 않는다', '싫다'는 응답은 각각 20.6%, 11.34%였고, 관광객들의 사진촬영에 대해선 '좋다'는 응답이 74.2%, '싫다', '상관하지 않는다'는 응답이 각각 14.4%, 11.3%였다. 관광객들의 사찰출입에 대해선 '좋다'는 응답이 54.6%, '상관하지 않는다', '싫다'는 응답은 각각 24.7%, 20.6%였다. 관광객들의 가옥출입에 대해선 '좋다'는 응답이 69%, '싫다', '상관하지 않는다'는 응답이 각각 16.5%, 14.4%였다는 결과는, 사적 공간인 집안을 다른 사람들이 엿보게 하는 것에 대해 아직 완고하고 보수적인 견해를 취하고 있는 사람들이 상당수 있다는 점을 알 수 있다.

(3) 관광객 수의 증가가 주민의 일상생활에 미치는 영향

관광객의 증가에 일상생활의 영향을 받지 않는다는 사람이 34% 있었지만, 응답자의 60.8%는 '그렇다'라고 답했으며, 그 중에서

37.3%가 '긍정적인 영향을 주고 있다', '변화를 느끼고 있으며, 긍정적인 면과 부정적인 면을 가지고 있다', '부정적인 영향을 주고 있다'는 응답이 각각 40.6%, 22%였다.

(4) 하회마을의 관광산업 발전에 대한 평가

하회마을 주민은 일반적으로 관광산업의 발전에 '매우 만족한다'라며 비교적 만족스러워하고 있지만(54.6%), '좋기도 하고 나쁘기도 하다'는 양면적인 입장(38.1%), '아주 싫다'(4.1%)는 부정적인 입장이 혼재되어 있다는 사실을 알 수 있어서 하회마을의 문화유산 보존과 관리, 관광 간의 협력을 위해서는 시급한 해결과제임을 알 수 있었다.

2) 하회마을의 문화유산에 대한 의식조사

①하회마을의 문화유산이 내국인과 외국인들에게 흥미를 끌 수 있다고 확신합니까?

이 질문에 주민 응답자 중에서 61.8%가 '그렇다고 확신한다'라고 답했고, 30.9%가 '잘 모르겠다', 7.2%가 '왜 사람들이 오는지 모르겠다'라는 답을 했다.

②하회마을 유적의 중요성에 대해서 주민들은 '가족을 통해서'(42.3%), 그리고 학교에서(24.7%) 배웠고, 책 등의 경로를 통해서(4.1%)다. 하지만 '전혀 들은 바 없다'는 응답자도 28.9%나 되었다는 것은 이 지역의 문화유산 보존관리와 관광진흥을 위해 개선되어야 할 문제점으로 지적된다.

③문화유산으로 지정된 가옥에 사는 응답자는 전체의 27.8%였다. 이 중에서 그 가옥이 '원형대로 복원되었다'라고 응답한 사람

은 69%, '그렇지 않다'라는 응답자는 31%였다. 이를 위해 '정부로부터 재정적인 지원을 받았다'는 사람은 65.5%, '아니다'란 응답은 34.5%였다.

④정부가 문화유산의 보존에 더 노력해야 한다고 생각하는 사람은 전체의 85.5%였고, '아니다', '잘 모르겠다'라고 응답한 사람은 각각 7.2%였다.

5. 조사결과에 따른 제안

경상북도에서는 중앙정부의 재정적 지원과 지방재정을 투입하여, 안동을 포함한 경상북도 북부의 종합 관광개발계획인 유교문화권 개발계획을 입안중이고, 2000년 6월경에는 계획이 확정될 것이다. 하회마을은 안동시에 존재하는 유수한 문화유산이고 관광자원이므로 다른 유교문화자산과 더불어 개발 활용이 기대된다. 또한 하회마을은 문화재보호법에 의하여 민속자료 등 보호구역으로 지정되어 있으므로, 마을 내에 점재하는 문화재와 환경은 문화재보호법에 의하여 보존되고 규제된다. 문화재보호법 규정에 따라 보수비용이 국가재정에 의하여 보장되어 있으므로 문화유산관리는 이 지역에 반드시 부합하지 않으나, 문화재보호법에 따라 징수 가능한 마을에 입장료를 관광수입으로 간주한다면, 이의 증수에 대한 여러 가지 대안, 또는 대책을 검토할 수 있을 것이다.

현재 대부분의 한국의 지방자치단체가 그러하듯 지방정부의 재정자립도는 아주 취약하다. 안동시의 경우를 보더라도 자치단체의 재정자립도는 불과 24%에 머물고 있다.

현존하는 국가정책과 지방의 자료에 근거한다면 현재로서는 지방자치단체가 관광수입의 증수를 통하여 문화유산관리와 수리의 재원으로 삼겠다는 어떠한 징후도 발견할 수 없으나, 만약 관광진흥을 통하여 지방의 수입 증가를 가져온다면 지역 주민의 생활 향상과 복지향상에 우선적으로 사용될 것이다.

한국에서 문화유산관리를 위하여 관광수입으로 이를 충당한다는 사실은 그 역사가 아주 미천하다. 그것은 겨우 지난 10-20년 사이에 문화재를 그 구내에 가지고 있는 일부 유적지(대부분이 사찰이나 그 수는 불과 몇 개에 이를 것임)에서 관광객의 입장료 징수를 가능하게 한 문화재보호법에 혜택을 보고 있다. 그러나 아직도 대부분의 문화유산 보호와 관리는 중앙정부의 재정에 의존하는 바가 큰 것이 한국의 실정이다. 하회마을의 경우를 보도라도 1999년 투입된 공공재원은 20억 원이고 관광수입은 불과 8억 7천만 원에 불과하다.

관광수입의 증대는 지방주민과 간접적으로 지방자치단체의 몫이 될 것이다. 이에 대한 증대대책은 안동시에만 국한된 것이 아니고 전국에 해당한다. 이에 대한 관광개발계획과 진흥계획은 중앙정부는 물론이고, 지방자치단체가 종합적으로 발전시켜 나가야 할 과제이다.

오히려 하회마을의 경우를 본다면 문화재 보호지역으로 지정된 이래 꾸준히 관광객은 늘었으나, 지역거주 주민에게는 정신적으로 실질적으로 혜택이 돌아갔느냐에 대한 조사는 부정적인 면이 많다. 그것은 전국적인 홍보로 말미암아 관광방문자의 수는 늘어가고 있지만, 오랫동안 조용한 환경에서 지역주민끼리의 작은 공동체 생활의 리듬이 깨지고, 또한 밀려오는 방문객으로 인하여 개인의 사생활이 침해되고 있다. 애초부터 이 마을은 관광 수입원으로 형성되었거나, 이를 필요로 하는 지역공동체가 아니다. 오랫동안 이 마을은 그저 한산한 농촌 마을에 불과했다.

또 하나는 문화재보호법과 행정의 경직성이다. 문화는 끊임없이 흐르고 변모하는 생명체이다. 지난 100년 동안 한국의 생활은 엄청나게 변화했다. 하회마을에서는 마을 전체가 민속자료이므로 짚을 잇는 초가지붕의 원형변경은 불가능하다. 대신 중앙정부와 지방자치단체에서는 매년 초가지붕 개수비 전액을 지급하여 외모를 유지하게 하고 있다. 지역공동체가 서식하는 마을에 민속자료로 지정하였다고 하여 전근대적인 생활양식을 강요할 때, 그 안에서 거주하는 주민은 '우리에게만 흙벽과 풀 지붕 밑에서 생활해야 하느냐'는 불만의 소리도 만만치 않다. 실제로 조사팀은 가옥의 외양에 대하여 많은 변경을 가한 사례를 목격하였는데 이를 금지하는 법규의 엄격한 시행은 불가능한 것으로 관찰된다.

행정당국은 이러한 시대상황에 걸맞은 새로운 시각과 문제해결 방식을 적극적으로 모색하여 법규에 반영할 필요가 있으며, 이렇게 함으로써 주민과 관광객이 공존하면서 서로를 필요로 하는 문화관광 유산을 만들 수 있게 될 것이다. 지금 지역주민의 생활패턴은 관광객을 대상으로 한 수익사업이 하나둘 서서히 생겨나고 있다. 마을에 들어서면 몇 년 전에 비해 민박과 음식점, 공예품 가게의 수가 증가했음을 목격할 수 있다.

안동시는 이러한 추세를 면밀하게 관찰하고 전문가 의견을 수렴해서 이 마을 분위기에 맞는 사업과 생활방식, 그리고 원형보존을 필요로 하는 지역과 그렇지 않은 지역을 선별하여 새로운 취락사업을 벌일 수 있게 함으로써, 주민생활의 불편도 해소하고 새로운 수입원을 개발할 필요가 있다. 하회마을은 세계유산에 등재할 준비를 하는 반면, 주민의 생활이 얼마나 편리해지고 혜택이 돌아가느냐에 관한 연구도 필요하다.

하회마을의 문화유산을 관광산업으로 활성화시켜 수입을 극대화함으로써, 정부나 지방자치단체의 재정적인 보존에 의존하지 않고 문화유산 보존관리에 효과적인 재투자가 이루어져야 한다. 따라서 하회마을 경제발전에 기여할 수 있는 방안으로 다음과 같이 제안한다.

첫째, 하회마을의 관리운영시스템을 개선해야 한다.

국가 정부, 지방자치단체, 하회마을 주민들이 참여하는 기업형태의 관리시스템을 만들고, 민관이 하회마을의 발전을 위해 한뜻으로 수익창출을 위해 노력하고, 지역주민들에게 공평하게 수익을 재분배함으로써 마을 전체가 발전적 성장을 할 수 있도록 기업의 경영개념을 도입해야 한다. 입장료 수입 외에 보다 많은 수익창출을 위한 직영 전통숙박시설, 전통음식점 운영, 공예품 제조, 시연, 판매, 민속체험, 홍보물 광고유치 등의 다양한 매출 채널을 확보하여, 독자적인 수익관리로 독립채산제 방식의 경영개념을 도입하여 지역사회주민들이 더욱 능동적으로 참여하고, 부문별로 역할을 분담하여, 문제점을 개선할 필요가 있다. 관광객들에 대한 서비스를 증대하고, 마을의 문화유산을 보존하고 관리하며 알리는 데 있어서 적극적으로 참여함으로써 지역사회는 발전될 것이고, 전체 지역주민들의 생활도 향상될 수 있다는 점을 비전으로 제시해야 한다.

둘째, 관광자원으로 활용해야 할 하회마을의 문화유산들이 가지고 있는 부가가치를 높여야 한다.

이를 위해서 각종 안내 표지, 간판, 홍보물 등의 이미지 통합작업과 숙박시설, 음식점, 관광상품점, 그리고 기타 관광서비스 시설의 재배치 및 시설보완, 서비스 및 질적 향상을 위해 인적 자원의 전문화 또는 기술적인 지원을 확보하고, 하회마을 문화유산에 대한 관광안내 시스템에 대해 보완을 해야 할 필요가 있다.

셋째, 지역사회 거주자들의 기본적인 이해와 공감대 형성을 위한 노력을 해야 한다.

설문조사를 통해서 하회마을 주민들은 일반적으로 관광산업의 발전에 '매우 만족한다'라며 비교적 만족스러워하고 있지만(54.6%), '좋기도 하고 나쁘기도 하다'는 양면적인 입장(38.1%), '아주 싫다'(4.1%)는 부정적인 입장이 혼재되어 있다는 사실을 알 수 있어서 하회마을의 문화유산 보존과 관리와 관광 간의 협력을 위해서는 시급한 해결과제임을 알 수 있었다.

하회마을의 문화적 가치에 대해서 모든 주민이 정보와 지식을 공유할 수 있게 함으로써 스스로 그들의 문화유산에 대한 애착과 애정을 갖도록 해야 할 것이다.

넷째, 궁극적으로 하회마을이 전시와 관광을 위한 문화유산이 아니라, 주민들이 거주하며 생활을 영위할 수 있는 '삶의 공간'으로 지속적인 유지가 되어야 한다는 점이다. 이를 위해서 하회마을을 떠난 젊은이들과 지역주민들이 다시 하회마을로 돌아와 그들의 집에서 살 수 있도록 해야 할 것이다. 하회마을에 사는 것에 자긍심을 주고, 경제적으로도 이익을 줄 뿐만 아니라, 그들이 사적 공간을 노출함으로써 오는 생활의 불편함에 대해서 적극적인 보상과 지원을 해야 한다. 관광객들을 위한 위락시설 뿐만 아니라 주민들이 교통, 자녀교육, 경제활동 등 생활 전반에 있어 불편함을 느끼지 않도록 하회마을 안에서는 제한된 전통적인 생활

주거환경을 유지하되, 하회마을 인접지역에서 이를 연결하여 지원할 수 있는 배후시설을 갖출 필요가 있다.

또한 하회마을에서 살고 싶은 외지의 타성 사람들도 원한다면 전통 가옥을 짓거나, 또한 빈집을 이용할 수 있도록 해야 할 것이다. 역사적 지역의 보존과 발전은 공동으로 추진되어야 한다는 세계기구의 권고안을 참작할 필요가 있다.[13]

끝으로, 하회마을은 세계문화유산에 등록하기 위한 예비등록을 마친 상태이다. 그러나 이것만으로는 세계유산등재를 성취하기는 그리 쉽지 않다고 생각한다. 현행 문화재보호법이나 시행령의 경직된 부분, 또는 미비한 부분의 검토 개선이 필요하다. 우선 유럽과 여타 세계문화유산등록지역 중에서 도시 또는 마을 공동체가 거주하는 지역의 사례를 수집하고, 이를 바탕으로 유네스코의 전문가를 초청한 가운데 국내외 전문가에 의한 하회마을의 전통보존방안 연구 심포지엄 개최를 검토하기를 건의한다.

---

13) ①유적과 유적지 보존과 복원에 관한 국제헌장-일명 1964년 베니스 헌장이라고도 한다.
제11조 보존과 복원에 있어서 형체의 통일성은 중요하지 않으므로 그 물체가 존립해 있던 시기 동안 이루어진 모든 기존의 개축 또는 증축은 존중되어야 한다. 이러한 결정은 현장의 책임자 단독으로 각 요소의 평가를 내리거나 일부를 제거한다는 것을 결정해서는 안 된다.
②역사적 도시와 마을의 보존-1987 워싱턴 헌장
-"역사적 지역의 보존과 현대적 역할에 관한 유네스코 권고안(Warsaw-Nairobi-1976)"과 다른 많은 국제협약에서 언급하는 바와 같이 "역사적 도시와 도시지역의 보존"이라 함은 이러한 도시와 도시지역의 보호, 보존과 복원에 필요한 조치뿐만 아니라 이들의 발전과 현대적 생활과의 조화 있는 적응을 의미한다.
-이러한 보존사업의 성공을 위해서는 주민들의 참가와 개입이 긴요하므로 이를 장려해야 한다. 역사적 도시와 도시지역의 보존에는 무엇보다도 주민의 관심(걱정)이 우선되어야 한다.
-거주가옥의 개선은 보존에 있어서 기본목표로 한다.

6. 보존 활동 권고안(2000.4.16 박타풀)

1) 문제의 제기

2000년 4월 16일부터 9일간에 걸쳐 네팔 박타풀에서 개최된 "문화유산관리와 관광" 세미나에서, 9개국 유적지 사례연구팀과 유네스코가 위촉 초빙한 각계의 연구가 등 130여 명이 참석하여, 보고를 받고 각지의 문제점을 듣고 해결방안을 모색하였다.

이 워크숍에 보고된 9개 지역은 세계문화유산으로 등록된 8개 도시와 잠정 등록지인 한국 하회마을 등 9개 지역으로, 대부분이 문화유산 보존에 사회적·경제적 어려움을 겪고 있는 지역으로서 분화유산 보존과 관광의 상관성과 문화재 보존에 있어서의 관광의 기여방안을 대주제로 논의하고 해결방안을 모색한 것이다.

워크숍에서는 9개 지역 사례 연구 결과 외에 특정문제 해결에 모범이 되고 있는 세계 몇 지역의 연구자(개발담당자)와 전문가의 사례연구 보고 및 해당 주제에 대하 강의를 번갈아 듣고, 또한 회의개최지 인근의 세계문화유산을 돌아보면서 각자 자기의 보고 지역과 비교 연구할 수 있는 기회를 가졌다.

워크숍 후반에는 각 지역의 실정에 따라 그 지역 사례연구팀과 전문가의 개별연구회, 전체연구회를 거듭하면서 문제의 해결을 위한 액션 계획을 마련하는 데 주력하였다. 보존을 위해 보고된 연구를 중심으로 공통으로 이슈를 추출하고, 여기에서 다시 우선적으로 추진하되 실행 가능한 최우선추진사업(flagship project)을 정해, 9개 지역이 이 계획에 따라 향후 1년간 계획을 추진하고 18개월 후에 다시 모여 성과를 검증하기로 하였다.

2) 추진할 사업의 권고

대한민국 하회마을의 사례연구는 유적보존에 있어 보고된 다른 어느 지역보다 별다른 문제점을 제기하지 않았다.

하회마을은 자연환경 보존에 있어 정부의 관계법 입법과 이에 따른 보호조치(지정을 뜻함)로 인하여 마을 그리고 주변 환경이 진정성(authentic) 있게 잘 유지되고 있다고 보고되었다. 또한, 유형문화유산도 정부가 유지보수비를 지원하여 적기에 수리·보존되고 있으며, 마을 유산유지를 위해 관광입장료의 일부를 지원하는 등 재정적인 측면에서 문제점은 보고되지 않고, 오히려 관람료 수입 일부를 마을의 지속성 유지를 위해서 사용한다는 가능성을 발견한 것은 고무적이다.

하회마을의 문제점으로서는 자연환경의 훼손이나 문화유산 보존에 필요한 재정적인 이유가 아니라 사회적 맥락에서 발생하는 문제이다. 그 중 핵심은 수용능력을 훨씬 능가할지도 모르는 관광객과 점차 고령화되며, 마을 인구가 감소하는 문제이다.

하회마을 보존을 위해 공통으로 추출한 이슈로 지적된 것은:
-지역거주자와 관계 당국 간의 불충분한 협력관계
-감소하는 인구문제
-문화유산에 관한 지역거주민의 주인의식 함양
-과다한 방문자와 수용 능력
-마을 관람료 수입과 장기 발전계획
-제한성이 과다한 기존 법령의 경직성과 주택의 용도변경 등이다.

3) 유적지의 특성

하회마을의 자연적 경관은 문화유산의 가치와 불가분의 관계를 가진다. 이로 인하여 마을 주변의 농지와 산림은 1984년 이래 정부의 입법에 의해 보호하고 있고, 마을의 가시거리 내에는 어떠한 건축물도 증축되지 않았다.

역사를 수백 년 거슬러 올라가는 한국의 양반제도에 의한, 한 개의 가문촌에 300동 이상의 건물이 그대로 남아 보존되고 있으며, 거주주민은 235명이다. 자연유산과 문화유산은 물론 살아있는 전통문화는 독창적인 한국문화의 한 단면을 보여주고 있다.

4) 기본적인 발전방향(관광과 관련하여)

하회마을은 한국인 정신에 깊이 각인된 과거 생활상으로서 지켜지기 위해서 보존되어야 한다. 마을의 유형·무형의 문화는 진정성(authenticity)이 유지된 채로 배려 깊게 보존되어야 한다.

하회마을의 풍부한 유산을 감상하기 위하여 매년 100만 명 이상의 관광객이 찾아온다. 관광은 주민들의 생계소득 원인이 되는 동시에 마을 보존을 위한 재원으로 기여한다.

그러나 거주자에 비하여 방문자가 너무 많아 유형 문화유산보존과 무형의 문화유산 유지에 문제를 야기시킬 수 있는 위험성에 대한 조사 연구를 권고한다.

하회마을의 문제점의 하나로 지적할 것은 인구 과소화 현상과 노령화 현상이다. 한국의 다른 지역도 마찬가지겠지만 인구가 지속적으로 감소하고 있으며, 이에 따른 거주자의 노령화 현상은 장래 무형의 문화유산을 후세에 전수하는 데 심각한 문제를 야기할 수 있다. 마을 출신자의 회귀와 외부 사람들의 이주 방안을 마련함이 좋을 것으로 보인다.

5) 중점적으로 추진할 추천사업

(1) 지역거주자와 관계 당국 간의 불충분한 협력관계

거주문화유산의 보존은 궁극적으로 주민을 위한 것이라는 취지를 고려할 때, 하회마을에는 하회마을보존회라는 조직이 존재한다고는 하나 활동내용을 알 수 없고, 더욱이 동아시아지역에서의 공통적인 현상인 정부기관의 하향식 운영을 볼 수 있다.

역사적 문화유산도시지역헌장에서 범세계적으로 확인된 원칙인 주민의 자발적인 참여 없이는 문화유산보존에 우리 모두가 추구하는 이상과 목표에 도달할 수 없다. 이런 취지로 워크숍에서는 원만하고 생산적인 민관협력기구를 설치하여 주민의 참여를 유도할 것을 권고하는 것이다.

(2) 감소되는 인구문제

20세기 초까지만 해도 하회마을에는 300~400호의 가옥과 1000여 명의 주민이 살고 있었다는 증언이 있다. 경제발전과 새마을운동이 시작될 무렵의 거주자는 500여 명으로 알려졌다. 하회마을의 1999년도 말 인구는 235명이고, 이 중에 60대 이상의 노년층이 40% 이상을 점한다. 이러한 배경에서 노년층이 타계한 후, 마을에 살아있는 문화적 유산의 보존이 가능할까 의문이 제기된다. 하회마을은 더 이상의 인구 감소를 방지하고, 외지에 나가 있는 젊은 계층의 주민을 회향하도록 하는 문제를 연구해서 실시하여야 한다고 본다.

회향의 방법으로 마을 내에서 거주하면서 긍지를 갖고 할 수 있는 직업을 개발하고, 이를 위한 교육훈련 프로그램을 도입하여야 한다. 경우에 따라서는 마을 청소년을 위한 장학기금을 설치하고 회향거주를 의무화하는 방법도 고려할 수 있다.

(3) 문화유산에 관한 지역거주민의 주인의식 함양

하회마을 주민 조사 자료에 의하면 주민의 상당수가 하회마을의 문화유산의 가치에 대하여 충분히 숙지하고 있지 않다. 마을 보존회는 마을 주민을 상대로 한 문화유산의 의의, 보존에 대한 지금 세대의 의무, 관광 연계와 조화를 통한 주민 복지의 향상 등에 대한 알기 쉬운 교육 프로그램을 개발하여 실시할 것을 권고한다.

(4) 과다한 방문자와 수용 능력

마을에는 적정 수용 능력을 훨씬 넘는 방문자가 찾아오는 것으로 조사되었다. 방문자가 많은 것은 그만큼 구두홍보의 효과가 있고 마을 관람에 따른 수입을 가져다주는 긍정적인 면과 사생활의 침해, 환경과 문화유산의 파괴 등 부정적인 면도 함께 있다.

하회 마을의 적정 수용 능력은 어느 선인지를 먼저 주민들과 협의하고 보존전문가와 모색하여야 한다. 방문객 수의 제한을 위한 방문자센터(interactive interpre- tation center) 설치도 검토해야 한다.

(5) 마을 관람료 수입과 장기 발전계획 - 계획추진체 설립

1999년도 말, 마을 입장료 수입은 80만 불이고, 이 중 30만 불은 보존회에 지급된 것으로 조사보고 되었다. 연구팀은 이 재원을 근거로 하여 하회마을 기획기구를 설치하여 운영한다면 마을의 장기적인 비전과, 감소하는 인구 문제연구, 방문자 폭주에 따른 대안의 강구 등 의미 있고 생산적인 활동을 하는 데 유효하게 쓰일 수 있다고 보았다. 관계 당국에서 적절히 지도만 한다면 마을을 바탕으로 한 연구와 관리 기구에서는 장기 비전과 실천을 위한 방안 및 실천 사업을 운영할 수 있을 것이다.

(6) 기존 법령의 경직성과 주택의 용도변경

한국 관계법령의 정신은 문화재로 지정된 유적에 대하여 원형 그대로의 보존을 원칙으로 하고 있다. 이러한 원칙은 준수되어야 함이 원칙이지만, 한편으로는 현재 주민이 사는 건물에 대하여 일률적으로 이러한 원칙을 적용하기는 어렵다. 사람이 살고 있는 문화유산은 주민의 거주와 생활을 위한 공간으로 항상 그들의 생활양식에 맞게 변형 개선되었다. 법령 운영의 경직성 때문에 주거양식의 변화로 당국과 주민의 갈등요인이 될 소지가 있음이 보고되었다. 이러한 상황은 앞의 1) 문제제기에서 언급한 바와 같이 하회마을의 주민과 당국 간의 협력관계의 구축을 통해서 유연하게 운영함이 좋을 것으로 사료된다.

문화유산 보존에 관한 여러 나라의 사례와 이론을 수집하여 이를 토대로 한국 전통에 맞는 유연성을 찾아내야 할 것이다. 따라서 최우선 사업으로 다음을 확정할 것을 권고한다.

즉, 하회문화유산연구운영기구(HRPI) 설치를 중점적으로 추진한다. 이는 프로젝트 5)항에 언급한 마을의 장기 발전을 위한 유산연구 운영 기구이다. 기왕에 제도화한 마을 관람료 수입 중 마을로 환급되지 않는 재원을 활용하여 마을의 장기 발전사업을 연구하고 이를 집행하는 기구의 설립운영을 권고한 것이다.

다른 사업으로 박타풀 워크숍에서는 1)연구기관을 설립할 것과 2)재원활용 조례 등을 제정하고 3)방문자센터를 건립하여 역사마을의 훼손을 경감하고, 4)연구와 장학사업을 병행하여 주민의 참여와 자질향상을 도모하며, 5)하회마을의 홍보사업을 강화하여 자기 고장의 자긍심을 높이면서, 주민귀환촉진사업을 권고하였다.

실시 기간 및 분야별 실시 사업

	1-3개월	4-6개월	7-9개월	10-12개월	13-16개월	17-18개월
			현행 법령의 개선 검토 작업			
	조사연구	개선책마련	개선 건의	정 원	개 선	
		관 련 제 원 화 보				
		관계기관 간 협의				
			요 원 화 보			
			전 담 제 획 수 립			
					공 사 진 행	
						입 주

제2부 세계유산-문화루트

제1장 문화루트의 개념

I. 세계유산으로서의 문화루트

1. 문화루트라는 선형 개념의 유산

문화유산의 보존과 국제적 차원의 협력은 같은 주제를 가진 공통의 건조물과 유산을 한데 묶어 등재하는 문화유산으로 '문화루트(Cultural Routes)'라는 개념이 생겨났다. 중요한 문화루트를 개관하면 우선 한 지역 또는 넓은 광역의 문화적 경관이 하나의 전형적인 요소를 제공한다. 두 번째로 역사적 전통을 같이하는 도시와 마을의 연속적 현상이 하나의 문화루트를 형성하며, 마지막으로는 접촉(communication)의 통로(path)가 문화루트가 된다. 1992년 등재된 카테고리로 문화경관이란 새로운 카테고리, 즉 "자연과 인간의 복합 작품"을 규정했다.[1]

문화경관 개념을 도입하게 된 직접적인 배경은 인간이 여러 가지 주어진 자연환경 속에서 삶을 영위하기 위해 다수의 집단 사이에 교류와 접촉이 생겨나면서 이를 구현하는 수단으로 생긴 유적과 건조물이다. 접촉과 교류는 교역, 전쟁 그리고 문화전파(종교

---

1) 세계문화유산협약 제1조 문화유산의 정의 (3) 유적지: 인공의 소산 또는 인공과 자연의 결합의 소산 및 고고학적 유적을 포함한 구역에서 역사상, 관상상, 민족학상 또는 인류학상 현저한 보편적 가치를 갖고 있는 유산.

전수, 기술의 전수)와 같은 현상을 통해 결과가 나타나고 남게 된다. 그러므로 문화전수, 무역, 전쟁에서 나타나는 문화유산은 도시 또는 마을, 사찰, 요새와 같이 수많은 거점을 연결하며 선(linear)의 형태로 존재한다. 인간과 자연 결합의 소산으로 최초로 등재된 캐나다 뉴파운드랜드의 바이킹 유적지가 혼합유산으로 등재(1979)되고 난 후 영국이 "호수 지구(Lake District)"를 세계유산 등재로 신청하면서 인간과 자연의 결합을 놓고, 기준의 해석을 확대할 필요가 대두되었다. 그리하여 1984년 부에노스아이레스에서 열린 세계유산위원회에서는 전원 경관(rural landscape)과 같이 사람의 손으로 일군 경관을, 세계유산으로 포함시킬지 ICOMOS와 IUCN이 공동으로 몇 년 동안의 공동작업 끝에, 1992년 세계유산에 문화경관이란 새로운 개념을 확립시켰다. 이에 따라 1993년 작성된 운영지침에 협약 제1조에 명시된 "자연과 인간의 복합 작품"을 의미하는 "문화경관"이란 정의가 새롭게 추가되었다. 즉 인간과 자연의 다양한 상호작용을 표현해주고 있으며, 오랜 세월동안 자연환경과 사회 경제 문화제도, 인간 주거상태의 진화를 나타내는 문화유산의 한 형태가 "문화경관"이란 용어로 등재된 것이다.

이에 즈음하여 스페인의 전문가들은 프랑스와 스페인 국경에서 시작하는 길이 1천 킬로의 순례자의 길을 문화경관의 한 형태로서 개념을 개발하기 시작하였고, 1993년 산치아고의 순례자 루트가 처음으로 문화루트의 범주로 세계유산으로 등재하였다. 이를 계기로 이러한 범주의 문화유산을 좀 더 심층적으로 연구하여 규정화하기 위해 스페인 정부와 세계유산위원회는 1994년 11월 마드리드에서 전문가 회의를 열어 이를 논의하였다. 이 회의에서 문화유산의 루트가 오랜 세월과 공간에서 인구의 이동, 접촉과 대화 그리고 여기에서 일어나는 문화교류 및 이를 통한 서로의 문화적 풍요를 증가시키는 작용을 한 '역사와 평화의 문화교류에 대한 복합적인 접근'의 프레임워크를 제공한다는데 이 새로운 개념의 의의를 찾았다.[2]

이런 관점에서 보면, 문화루트라는 개념은 문화재를 보는 시각이 많이 진화되었음을 보여준다. 또한 문화유산의 환경, 지역적 크기와 다양한 차원에서 유산을 거시적 구조로 보려는 경향을 보여주는 것이라 할 것이다.[3] 문화루트는 다른 인종 간에 이루어진 문화의 연결고리가 갖는 동적인 과정을 보여준다. 그렇지만 인간의 접촉이란 항상 평화적으로 이루어진 법이 없다. 전쟁과 거대 지배세력이 보장하는 한도 내에서의 접촉이었다.

그러므로 문화루트를 개념화하는 네 국제정지학뿐만 아니라 물리적으로 지상의 교역로(우마 낙타 등의 왕래가 가능한 곳)도 있었을 것이고, 거대한 강을 따라 또는 가로질러 가는 루트, 그리고 해양의 루트라는 다양한 물리적 구조를 가지고 있다. 즉, 문화루트가 특정지역의 자연환경과 밀접하게 연결되어 상호의존적이라는 점에서 그 특징을 가진다. 인간의 접촉은 긴 강을 끼거나, 해안을 따라가거나, 계곡을 따라가다가 산악지대를 넘어 다른 지역으로 건너가서 접촉과 교류가 형성된다.

---

2) 1994 마드리드 문화루트 회의 개최 개념: The concept of heritage routes is shown to be a rich and fertile one, offering a privileged framework in which mutual understanding, a plural approach to history and a culture of peace can all operate. It is based on population movement, encounters and dialogue, cultural exchanges and cross-fertilization, taking place both in space and time.

3) 문화루트 헌장(2006) 전문: ... the new concept of Cultural Route shows ....the growing importance of values related to their setting and territorial scale, and reveals the macrostructure of heritage on different levels.

2. 다양한 유형

문화루트의 개념이 문화유산의 범주로 인정되기 시작하면서, 제일 먼저 광역의 루트로 개념화되기 시작한 것은 실크로드일 것이다. 이 루트(실크로드)는 이미 유네스코 차원에서 2000년대 초반부터 중국과 중앙아시아의 주변국이 빈번하게 연구와 회의를 거듭하고 있는 주제 중 하나이다. 이와 같은 루트가 세계문화유산으로 등재되면 주변국은 고속철도 같은 새로운 교통수단을 건설하려는 계획을 진행하는데, 여기 선봉에 서는 나라가 중국이다. 실크로드의 흥망성쇠와 더불어 바다의 실크로드도 등장하였는데, 바다로 이어지는 동서양의 교역, 도자기의 루트도 각국 전문가 사이에서 논의되고 있다. 지중해 연안의 나라들은 지중해 연안의 와인과 포도재배 지역의 교역, 또는 왕래 루트를 연구하고 있고, 미대륙 발견 이후 수백 년 동안 이루어진 노예무역의 현장도 문화루트로 연결하려는 연구도 시작되었다. 전원경관(rural landscape)과 같이 사람의 손이 일구어낸 포도밭이 즐비한 프랑스 르와 계곡이나 다뉴브 강을 끼고 길게 발달한 성곽요새 등과 같은 문화유산군이 이러한 카테고리에 들어가고, 이에 대한 연구도 활발하게 추진중이다.

문화루트에 관한 다음 여러 예를 통하여 살펴보자.

아라비아 반도(예멘과 오만)는 예부터 향료 산지로 유명했다. 이미 기원전부터 이 지역의 향료는 아라비아 반도와 지중해 일대 2,000km를 거슬러 올라가 향료무역을 한 교역로의 유적이 남아 있다. 오늘날 이스라엘 남부 네게브 사막에 그 유적이 세계유산으로 등재되어 있다. 네 개의 나바시아(Navatea)의 도시(할루자Haluza, 맘시트Mamshit, 아브다트Avdat 및 쉬브타Shivta), 네 개의 요새(Kazra, Nekarot,

Makhmal, and Grafon)와 두 개의 카라반 사라이(대상의 숙소 - Moa and Saharonim) 및 관련 농업 유적은 긴 교역로의 하나의 연결고리로 존재함을 말해준다. 이 유적은 유네스코 유산 등재 시 기준 (iii), 즉, 이 통로가 그리스-로마 지역에 향료뿐만 아니라 사람과 문화 매개에 중요한 역할을 했다는 증거라는 것과 기준 (v): 거의 500 년에 걸쳐 어려운 자연환경 아래서 이루어진 정교한 농업시설과 숙박시설이 버려진 채(거의 화석이 되어) 남아 있는 불모의 환경 극복을 대변하는 사례라는 것이다.

가장 대표적인 문화루트는 프랑스와 스페인에 걸쳐 있는 "산티아고 콤포스텔라의 길(Routes of the Santiago de Compostela)"이다. 산티아고 콤포스텔라는 스페인 갈리시아 지방의 중심지인데, 산티아고 데 콤포스텔라 성당은 현재까지 유명한 성지 순례의 목적지이기도 하다.

예루살렘이 638년 이슬람에 점령되어 중세 유럽인들은 예루살렘으로 순례를 가기가 힘들어지면서, 성 요한의 무덤이 있는 이곳 콤포스텔라를 순례지로 택하게 된 것이다. 유럽 사람들은 멀리 프랑스에서부터 피리네 산맥을 넘어 1천 킬로가 넘는 콤포스텔라에 순례를 오기 시작하면서, 연도에 수많은 순례자의 유산과 유적을 남겨놓았는데, 오늘날도 이 길은 전 세계에서 가장 많이 찾는 순례자의 길이기도 하다. 한때 이슬람의 공격을 받아 파괴되기도 했지만, 중세 이후 기독교 순례자들이 모여들면서 지금까지 지속되어 콤포스텔라 성당과 구시가지는 로마네스크 고딕을 비롯하여 바로크 건물이 즐비한 세계적으로 아름다운 고대도시로 남아 있다.

유네스코는 1985년 산티아고 콤포스텔라 지역과 프랑스로부터 피레네 산맥을 넘는 네 개의 루트를 하나로 묶어 양국에 걸친 유산(transoundary heritage)으로 등재하였다.

또 다른 사례는 아르헨티나 후이후이(Jujuy)주에 있는 케브라다 후마후아카(Quebrada de Humahuaca)계곡인데, 약 1만 년 전부터 남미에 높은 안데스 산맥을 넘는 150km의 깊은 계곡과 재를 넘어 사람과 물자가 오고간 유적지로서 선사시대 수렵채취자의 유적뿐만 아니라, 16세기 잉카제국의 유적과 함께 19세기의 독립전쟁 때의 유적이 남아 있는 문명의 통로라는 것이다. 이 유적은 2003년 세계문화유산으로 등재되었다.

아프리카 노예를 생포하거나, 돈을 주고 사서 신대륙의 농지개발에 투입한 아픈 역사적인 사실을 남겨두어야 한다는 차원에서 노예루트로 하자는 안이 거론되고 있으며, 20세기 들어 독일 학자에 의해 작명되어 세계적으로 유명해진 실크로드는 현재 쇠락하여 여러 개의 오아시스, 대상숙소, 사찰 등이 남아 있고 유구(遺構)도 계속 발굴되고 있다. 중국정부는 몇 년 전부터 시안(西安)에서부터 시작되는 이 문화교류 교역로를 문화루트로 등재하기 위하여 중앙아시아 5개국과 협의 중에 있다.

도자기를 영어로 china라고 할 정도로 동양에서 건너간 도자기는 오래전부터 서양으로 가는 중요한 교역품이 되어 왔다. 도자기는 육로로도 운송되었지만 그 주요한 운송은 해로로 멀리 지중해까지 운반되었다. 근래에 항해 도중 침몰당했던 수많은 교역선이 발굴되고 있고, 동남아시아나 심지어 시리아 유구 발굴에서도 나타난다. 우리나라에서도 송대(宋代) 무역선이 신안 해저에서 발굴되어 세계 유수의 중국 도자기미술관을 갖게 되었을 정도이다. 동양에서의 도자기 수송은 남중국해를 지나 말라카해협을 통과하는데, 이곳은 수많은 해적이 들끓은 지역으로 통과가 쉽지 않았다. 이를 타개하기 위해 교역자들은 교역품을 타일랜드 만 크라 이스무스(Ithumus of Kra, 峽部) 지역 말레이반도 산을 넘어 인도양으로 빠지는 육로 수송을 꾀하였고, 연도에 당시 흘린 도자기 파편이 다수 발견되고 있다. 바스코 다가마에 의한 아프리카 희망봉 항로가 개척되기 전까지 교역품은 일단 인도양에서 홍해를 거치거나 호로무스 만을 거쳐 다시 육로로 지중해에 이른다. 지금 중국을 비롯하여 동남아시아 중동 여러 나라가 참여한 가운데 도자기루트의 문화루트 작업이 진행되고 있다.

지난 2009년 11월 일본 이세에서는 일본 ICOMOS 국내위원회가 주관한 CIIC[4] 연차 학술회의가 열렸다. 여기서는 문화루트가 평화를 수립하고 유지하는 데 기여할 수 있는 방안을 모색하였다.[5] 여기의 배경에는 임진왜란 이후 조선왕조는 도쿠가와 바쿠후(德川幕府) 일본 무인정관과 처음에는 임진왜란 때 붙잡혀 갔던 포로를 송환하기 위하여, 두 번째부터는 도쿠가와 바쿠후 장군(將軍 - 최고 통치자)의 요청으로 새로운 장군이 등극하면 축하사절로 17세기초부터 즉, 1607년부터 1811년까지 220년 동안 12번에 걸쳐 조선통신사의 왕래가 있었다. 조선통신사는 두 나라 사이에 서로가 신(信)을 통하고자, 조선에서 일본을 오고간 사신일행이 많은 양

---

4) CIIC: 국제 문화루트 위원회의 프랑스어 약자; Comite Internationale des Itenaires Culturels -International Committee on Cultural Route

5) 이세 회의 선언문: The World Heritage Symposium held on November 1st, 2009 in Ise City, Japan, studied and discussed the contributions World Heritage makes to build and maintain world peace.

의 유·무형유산을 남겼다. 현재 한국(부산)과 일본의 통신사절이 지나간 지방자치단체들은 학계와 손잡고, 세계문화유산으로 만들어 지역발전의 협력모델로 삼기 위한 진행이 한창이다.

제2장 조선통신사의 여정과
일본에 남긴 유물[6]

이 글은 17세기에서 19세기까지 조선의 외교사절 파견의 의의를 조명하고, 사절이 남긴 문화교류에 실례를 찾아본다. 당시 정치적 목적으로 의도되었던 통신사 교류가 양국에 유익한 문화교류의 상이 되었다.

한반도와 일본열도의 군주들은 예부터 긴밀한 관계를 유지해왔고 대부분의 경우 평화적이었다. 교류는 일본에 대단히 이로운 것이었고, 한반도는 선진대륙문명의 중개적 역할을 담당했으며, 이런 흐름은 일본이 19세기말 서방에 문화를 개방하고, 근대화를 시작할 때까지 지속하였다. 이 시점부터 흐름은 반대로 일본으로부터 한국에 서양문명이 들어오게 되었다.

통신사절은 17~19세기 중엽까지 한국의 조선왕조와 일본의 도쿠가와 막부(德川幕府) 사이를 오갔다. 16세기 도요토미(豊臣)에 의해 야기된 일본의 조선침략(임진왜란)이 끝난 후 집권한 도쿠가와 막부는, 조선왕조와 화해하고자 상호 통신사 파견을 제안하였다. 이에 조선왕조는 전쟁 때 끌려갔던 포로의 송환을 목적으로 이를

---

6) 2005년 10월 중국 서안(西安) 개최 제14차 국제기념물유적협의회(ICOMOS) 총회 문화역정(Cultural Itinerary) 분과 발표 논문.

받아들임으로써 통신사의 상호 파견이 시작된 이후 250년간 계속되었다.

무력적으로 열세했던 조선왕조는 통신사를 구성하고 파견할 때 당시 조선에서 최고의 학자이거나 정치가를 골라 파견하였다. 통신사는 한양(지금의 서울)을 떠나 동래(지금의 부산)에서 배편으로 대마도를 거쳐 시모노세키(下関)에 도착하였다. 거기서부터는 해안선을 따라 일본 세토내해(瀬戸内海)를 거쳐, 오사카(大阪)에 상륙한 다음, 육로로 최종 도착지인 에도(江戸-東京)에 이르는 2000km의 긴 여정으로 왕복 소요시간은 최소 6개월에서 1년이 걸렸다.

지방분권 체제였던 일본에서는 연도의 통치자 다이묘(大名)들이 거국적으로 조선의 사절을 접대하였고, 조선통신사가 거쳐 간 연도에 아직 무수히 많은 문화적 흔적이 남아 있다. 통신사절의 통과는 당시 일본의 국가적 의식이며, 서민 대중에게는 일생일대의 구경거리였음을 전해오는 그림 등을 통해 알 수 있다.

일본에 조선통신사가 들렀던 여러 곳에 적지 않은 유물과 유적이 있거나, 박물관에 수장 연구되고 있다. 일본 지방자치단체에서는 자료관, 유물관 등의 형태로 이를 정리하여 일반에 공개하는 곳이 점차 늘어나고 있다.

조선통신사가 남긴 기록 중에는 『해행총재(海行摠載)』가 있는데, 이는 6,000페이지 이상 되는 전집으로서 외교관이 남긴 견문록으로서 이와 같이 완벽하고 방대한 일본에 관한 견문록은 없을 것이다. 양국에서는 주로 민간 차원에서 조선통신사절의 유산을 조명해 보려는 작업을 시작하였고, 일본의 자치단체에서 이를 문화관광에 연계 활용하려는 움직임과 일부에서는 세계문화유산으로 등재하려는 운동도 생겨나고 있다.

유네스코 세계문화유산 자문기구인 국제기념물유적협의회는 일정한 시간과 공간에서 이루어진 문화통로(cultural route)를 새로운 개념의 문화유산으로 정립하고 이를 등재하려는 움직임을 보이고 있다. 따라서 한일 양국의 조선통신사가 남긴 발자취를 조직적으로 연구하고 정리하는 것은 한일 양국의 문화교류를 비롯하여 다양한 형태의 문화유산 보존과 보급에 도움이 될 것이다.

역사적 기록을 보면 두 나라의 군주들은 다양한 수준의 사절을 빈번하게 교환하였던 것으로 나타난다. 일본의 무로마치(室町) 시대(1393~1573) 일본 쇼군(將軍)은 한반도에 60회의 소규모 사절을 파견하였다. 대부분의 경우 일본 사절은 불경 또는 불교와 관련된 품목을 비롯하여 유교 서적을 입수하려 하였다. 조선왕조(1392~1910)는 거의 동등한 수의 소규모 사절을 일본에 보냈는데, 대부분의 경우 통신사(通信使)라 칭했으며, '신의의 사절'을 의미하였다. 이들 사절은 또한 관무역 역할을 하였다. 친선사절단은 도요토미 히데요시가 조선을 침략한 1592년까지 지속되었다.

일본의 침략은 7년 동안 계속되었으며, 많은 생명과 재산의 손실이 있었고, 주요 문화재와 유적의 손실을 가져왔다.

도쿠가와 장군이 도요토미 히데요시를 멸망시키고 1603년 에도(지금의 도쿄)에 수도를 설립했다. 그는 쓰시마(對馬島)의 다이묘(봉건 영주)에게 조선 왕국에서 일본의 새로운 정권을 축하하는 사절을 보내도록 협상하라고 명하였다. 쓰시마의 다이묘는 과거 조선왕조에 일본을 대표하여 왔고, 조선과의 무역을 독점하였다. 도쿠가와 막부는 주변 국가들과의 평화로운 관계는 국내 안정을 위해 필수적이라고 느꼈고, 지방 다이묘의 지배지역을 거쳐 에도까지 오는 조선사절의 여정은 새로운 정권의 권위를 높인다고 믿었다. 처음에 조선왕국은 일본과 외교 관계를 재개하는데 주저했으나, 도쿠가와 정권은 일본(히데요시)의 조선 침략에 아무런 역할을 하지 않았으며, 두 나라 사이의 평화로운 관계를 복원하는 의도임을 주장했다. 일본은 조선에 대해 배상하지 않았으나, 전쟁 포로 수만 명을 억류하고 있었으며 이들의 송환을 협상할 용의가 있다고 하였다. 따라서 조선 조정은 1607년에 특사파견을 재개하였다.

조선왕조는 두 세기 반 동안 일본에 12번의 사절단을 파견하였으며, 마지막 사절단은 1811년에 보냈다. 일본의 사절단은 부산까지만 왔는데 조선의 조정이 서울까지 오는 것을 허용하지 않았기 때문이다. 조선 사절단은 대략 300~500명으로 그 구성은 정사와 서기관이 인솔하였고 그밖에 서장관 군악대, 의장대, 수군병사 및 사동(使童)이 포함되었다. 또한 학자와 예술가, 의사와 곡예사도 포함되어 실상 문화사절이었던 것이다.

조선은 비록 군사적으로는 일본에 열세했지만, 문화적으로 우세한 데에 긍지를 갖고 학식이 높은 유학자를 사절의 수장으로 하였다.

사절단은 부산에 집결하여, 쓰시마에서 마중 온 일본병의 호위를 받으며 에도까지 갔다. 에도에 도착한 후 사절단 일행은 쇼군을 예방하고 조선왕의 친서를 전달한다.

사절단의 여정은 일본의 주요행사로서 사절단원을 매우 중요한 국빈으로 모셨다. 사절단의 해로 이동은 50척 이상의 일본 선박이 호송하면서 큰 함대가 되었다. 일본 땅에 도착한 후 오사카까지 가는 동안 열 번 이상 정박하였고, 오사카부터 에도까지도 10개의 도시를 거쳐 도착하였다. 도쿠가와 막부는 지방 봉건영주에게 국빈으로 안내하고 숙식을 제공하라고 명했으며, 사절단은 사찰, 신사나 일부 급조한 영빈관에서 숙박했다. 따라서 사절단이 경유하는 지방 다이묘들에게는 커다란 사업이 아닐 수 없었다. 일본에서의 사절단 영접은 독특한 문화 행사나 잔치를 만들었다. 조선통신사는 그들의 문학 재능과 기술을 보여주는 데 자부심을 가졌으며, 영빈관으로 일본 인사들이 조선통신사의 시와 글, 그림을 얻으려고 몰려들었다. 숙박하는 지역의 일본 의사는 조선 의사를 만나려고 애썼으며, 사절단이 거쳐 가는 지방의 평민에게 사절단을 맞이하는 의장대 행렬은 이국적인 군복을 입고 행진하는 아주 귀한 기회를 만들어 주었다.

정박하는 항구와 숙박하는 도시뿐만 아니라, 체류하는 에도는 자연스럽게 문화 교류의 장이 되었다. 기록에 의하면 1711년 제8차 통신사절단 호송을 위해 4,567명과 655척의 배가 동원되었다. 이러한 사실은 그림에서도 확인할 수 있다. 사절단이 통과한 지방에 많은 유산이 오늘날까지 남아있다. 회화는 조선 외교사절의 행진도를 전하고 있으며, 글씨와 시도 함께 전해진다. 때로 기상 조건이 악화되면 뜻하지 않게 여정이 한 곳에서 지연되는 경우도 일어났는데, 그러한 경우 접대하는 다이묘에게 추가지출을 초래하였으나, 오히려 영감을 교환하며 시를 짓고 음송하는 추가적인 기회를 제공하였다. 다량의 고고학적 증거와 문헌자료가 조선외교사절의 규모와 영향을 뒷받침한다. 또한, 사절의 문화적 영향은 머물렀던 읍촌에서 찾아낼 수 있는 지역 축제, 춤, 의상과 인형에서도 발견할 수 있다.

사절의 의상과 악기는 손님을 맞는 읍촌뿐만 아니라 이웃 인근 마을의 흥미를 불러 일으켰다. 서민에게는 법을 어기는 것이지만 관중은 볼거리를 찾아 몰려왔다. 이렇게 하여 머무른 촌과 정박지에 시와 행진도, 의상을 포함한 많은 유물을 남겨놓았다. 이러한 행렬은 마을 사람들에게 일생에 한번 볼까말까 하는 잊을 수 없는 사건이었다. 어떤 마을의 음악과 춤은 분명 조선 사절의 영향을 받았다. "Tojin인형"이라 부르는 인형은 조선의 인형을 뜻하는데, 여러 마을에서 발견할 수 있다.

몇 가지 더 살펴보자면, 나고야 근처 기후현(岐阜縣) 다케시마쵸(竹島町) 마을의 마차 행진 축제는 통신사행렬에서 유래하였다. 이 축제에 쓰인 기구는 다케시마 박물관에 전시되어 있다.

미에현(三重県) 츠(津)시의 가을축제는 300년 동안 야하타 신사(八幡神社)에 열렸는데, 당인(唐人-조선인) 행렬은 축제의 백미였다. 오카야마현(岡山県)의 우시마도(牛窓) 항구 도시에서 '가라코 오도리(唐子踊り-한국 아이들의 춤)'는 10월 축제에 등장한다.

카미노세키(上関) 박물관에 통신사에 제공된 만찬 메뉴와 그림이 남아 있다. 메뉴는 사절에게 최고의 요리를 제공한 사실을 확인할 수 있는 18세기 일본의 요리예술을 엿볼 수 있는 단초를 제공한다.

히로시마현(広島県) 시모가마가리(下蒲刈) 항에, 간조에 따라 조절할 수 있는 계단식 정박시설을 볼 수 있다. 정박시설은 특별히 이 항구에 22번이나 들린 조선통신사를 위해 건설된 것이다.

도모노우라(鞆の浦) 항구에 있는 영빈관은 조선통신사를 위해 지어졌는데, 한 조선 사절이 쓴 '일동제일경승(日東第一景勝-일본 제일의 경승지)'이라는 한국의 특사가 쓴 현판이 후쿠젠지(福善寺) 대조루(對潮樓)에 보물로 보존되어 있다.

시가현(滋賀県)의 오미(近江) 지방에 약 40킬로미터에 걸쳐 '조선인가도(朝鮮人街道)'가 남아있다. 내력에 따르면, 이 도로는 전적으로 '바쿠후 장군'이 단독으로 사용하기 위해 건설하였는, 일본바쿠후는 조선 통신사의 통과를 허용하여, 가로명이 바뀌었다고 한다.

일본의 유명한 작가 호쿠사이 카츠시카(北齋葛飾)는 도카이도(東海道) 53장면을 그린 작가로 유명하다. 그 중에 시즈오카(静岡) 세이켄지(清見寺)절에 조선통신사가 통과하는 장면이 포함되어 있다.

에도에 도착하는 조선통신사의 주요 볼거리는 도쿄의 거리를 행진하는 장면인데, 후지산을 배경으로 도쿄 시내를 통과하는 장면과 거리를 메운 관중이 이를 지켜보는 장면이다.

쓰시마 사람들은 전통적으로 한국과의 무역으로 살아왔다. 그러나 일본에 기근이 일어나거나 정치적으로 불안정해지면, 그들은 종종 해적이 되어 조선의 남해안을 쳐들어와서 약탈하곤 했다.

조선 왕조는 쓰시마의 경제적 안정은 해안지역의 평화를 위해 필수조건이라 생각하여, 쓰시마 번주에게 조선과의 배타적 무역권을 주었다. 쓰시마 번주에게 도요토미 히데요시 침략(임진왜란)을 제외한 기간 중 부산에 공사관(왜관) 설립을 허용하고, 조선 시대에 걸쳐 무역할 권리를 부여했다. 이러한 관계는 조선왕조와 일본 바쿠후 사이에 외교적 교량 역할을 했다. 쓰시마 왜관은 초량 지역 바닷가에 위치하고 초량의 인구 중 일본인이 1천 명이 넘었으며 5일장에서는 물물을 교환하였다고 한다.

사절은 또한 조선에서 일본으로 귀한 품목을 가져가고, 더러는 중국산 물품을 가지고 갔기 때문에 무역이 증진하였다. 통신사 파견은 조선에도 큰 영향을 끼쳤다. 그 당시 조선에서는 아직 재배되지 않던 담배, 고구마와 고추 등을 일본에서 가져왔다.

양국의 통신사절이 막을 내린 이유는 교환 비용이 너무 많이 들었기 때문이고, 도쿠가와 바쿠후가 약해지면서 1868년에 붕괴했기 때문이다. 메이지유신 이후 일본은 제국주의의 길로 들어서며 1910년 조선을 식민지화하였으며 교류의 형식 또한 바뀌었다.

조선통신사에 대한 학구적인 연구는 일본이 패망한 제2차 세계대전 이후 시작되었다. 일본에는 사절 왕래에 관하여 많은 문서와 회화·서예를 비롯하여 관련 유물이 남아있다. 처음에는 산발적 연구가 진행되었으나, 1960년대 이후 학술연구는 공공의 관심을 모으고 추진력을 얻게 되었다. 2005년 두 나라에서 있었던 주요 활동은 다음과 같다.

1) 일본과 한국의 국립 박물관은 1980년대에 '일본에 파견된 조선사절'에 관한 특별 전시회를 개최하였다.
2) 조선 통신사가 통과한 일본의 마을에, 지방자치단체는 조선통신사의 유산을 지속 가능한 관광자원으로 활용할 수 있다는 것을 깨닫기 시작했다. 많은 도시의 박물관에 조선통신사에 관한 영구전시실을 두기 시작했다. 유적지는 역사를 대표하는 곳으로 역사적 명소로 지정되었다.
3) 수년 전, 한국 텔레비전 회사는 청소년들에게 부산에서 오사카까지 페리를 타고 역사 공부를 위한 학습여행을 연출했다.
4) 수년 전, 한국과 일본의 교사들 사이에 특별프로젝트팀이 구성되어, 공동으로 이 지역을 공부하는 모임이 설립되었다. 그들은 2005년 『조선통신사』라는 제목으로 공동학습참고도서를 간행하였다.

5) 필자는 최근 조선통신사를 주제로 한 백 개 이상의 저술과 논문을 찾아낼 수 있었다. 부산에 조선통신사 학회가 2005년 초 설립되었다.

6) 부산시에 '조선통신사 문화사업회'가 2004년 조직되어 이 사업회 주관으로 2백년 만에 처음으로 도쿄 거리에 조선통신사 행렬이 복원되었다.

지난 몇 년 동안 더 많은 유물, 전적, 회화가 발견되어 풍부한 문화적 차원을 추가하였다. 유물 중에는 이미 주요 박물관에 소장된 것도 많다. 많은 지방자치단체가 이러한 유물을 전시하기 위해 박물관을 세우고 있다. 풍부했던 문화교류를 재정의하는 일이 양국 사이에서 일어나고 있다.

지금까지 조선통신사의 역사적인 프레임워크와 양국의 문화에 끼친 영향을 설명하였다. 이미 설명한 바와 같이, 진정으로 역사적인 루트는 역동하는 문화의 풍부한 상호교류와 적응, 그리고 융합의 장으로서 역할을 했던 것이다. 이 유산 루트는 두 나라에 걸쳐 다차원 교류와 대화에서 초래한 유형무형의 요소로 구성되어 있다. 이 문화루트는 국제 벨트를 형성하고 있는데, 과거가 생존하는 시공(時空)적인 현상을 가진 유산이라고 할 수 있다. 이제 양국의 ICOMOS 전문가가 귀한 유산을 더욱 연구하여 유산을 보존하고 보편성을 연구할 때가 되었다.

제3장 조선통신사의 일본 내
유적과 유물

Route of the Korean envoys of Chosun
Dynasty and their cultural legacy in Japan*

This paper will explore the significance of the Korean diplomatic envoys to Japan in 17~19C. It provided an examples of cultural exchange, with particular attention to the impact on the cultural lives of both countries. The theme of this presentation is that what was originally intended for political purposes became a venue of cultural exchange that was beneficial to both countries

Since time immemorial rulers in Korean peninsula and Japanese islets have maintained very close relations. Most of the time, the relations were peaceful. It was immensely beneficial to Japan that the Korean peninsula served a relaying role in transmitting advanced continental civilization, and this trend continued until Japan opened its door to Western countries and began its modernization in late 19th century. From this point on, the trend reversed and western civilization was introduced to Korea via Japan.

Historic records show that rulers of the two countries exchanged

---

* 이 글은 '2부 제2장 조선통신사의 여정과 일본에 남긴 유물'의 영문원본이다.

various class of envoys on a frequent basis. During the Muromachi period(1392~1573) in Japan, Japanese *shogun*(military ruler) sent more than 60 small missions to Korea. In most case, Japanese delegation tried to obtain Buddhist texts or items related to Buddhism and or Confucian texts. Korea's Chosun Dynasty(1392~ 1910) dispatched about equal number of small scale missions to Japan. In most case, the official Korean envoy used title of *Tongsinsa*(通信使), which literally means "goodwill mission." These missions also served as important venue of official trade. The "goodwill missions" continued until 1592, when ruler Hideyoshi Toyotomi invaded Korea. The invasion lasted seven years, inflicting great loss of life and wealth, as well as destruction upon major monuments and sites.

Tokugawa Shogun toppled Hideyoshi shogunate and established the capital in Edo(now Tokyo) in 1603. He instructed *Daimyo* (feudal lord) in Tsushima to negotiate with the Chosun Kingdom and send an envoy to congratulate the new regime. Daimyo of Tsushima had acted as a diplomatic representative and sole trader with Korean regime in the past. The Tokugawa Shogunate felt that peaceful relations with neighboring countries were essential for domestic stability. Furthermore, it believed that the journey of a Korean diplomatic envoy through the territory of *Daimyos* (the local lord) and culminating in Edo, would enhance the prestige of the new regime. The Korean kingdom was wary about resuming diplomatic relations with Japan at first. But Tokugawa regime argued that it played no role in staging the Japanese invasion of Korea and its intention was to restore peaceful relation between the two countries. While Japan offered no reparation, it held thousands of prisoners of war and was willing to negotiate their repatriation. The Korean court therefore resumed sending its envoy in 1607.

During the ensuing two and half century, the Korean Kingdom dispatched 12 delegations to Japan. The last delegation was sent in 1811. Reciprocal Japanese mission were met in the port city of Busan. The Korean side did not allow the Japanese delegation to proceed to Seoul. The significance of Korean mission is that the it comprised 300 to 500 members. The delegation was led by a chief and a secretary. In addition to the diplomatic representatives, the delegation was comprised a documenting officer, a military band, honor guards, sailors and errand boys. The Korean delegation also included scholars, artists, doctors and even an acrobatic group. The delegation was, in effect, a cultural mission.

The Korean court took this opportunity to select a highly respected Confucian scholar as head of the mission as well as its top-ranking delegate. Although Korea was dominated by Japanese military power, it was proud of its cultural superiority.

The journey from Seoul to Edo is an approximately 2,000 kilometers land-sea - land route and it took minimum of 6 months to one year to complete the journey. Successive delegations generally took the same marine and land route. After members of the delegation were appointed, they would set out in small groups and assemble in port of Busan, in southern Korea. Here they would be met and escorted by Japanese officials from Tsushima all the way to Edo. Tsushima is barely 50 kilometers away from Busan. From Busan the mission traveled by sea to Tsushima - Iki Island - Ainoshima Island. After arriving in the main island, Honshu, they would sail by way of the Seto inner sea corridor to the estuary in

Osaka, making stopovers along the corridor. At the Osaka estuary, the envoys proceeded on a road called *Tokaido* to Edo. Upon arrival in Edo, the chief and his deputies would pay a courtesy call on the *Shogun* and present message of goodwill from Korean King.

The journey of this diplomatic mission was a major event in Japan, and its members were treated as very important national guests. The maritime voyage became a big fleet as the Korean fleet was escorted by more than 50 Japanese ships. After arriving in the Japanese territory, the delegation made stopovers in ten ports until they land at Osaka. From here they would travel on land. Until they arrived in Edo, they made stopover in ten towns. The Tokugawa shogunate ordered local feudal lords to guide and accommodate them as the national guest. They were accommodated in temples, shrines and some improvised guest houses. So the logistics involved in sending a delegation was a considerable undertaking for both the sender and the local host *Daimyos,* not to speak of the Edo host.

The reception of the mission in Japan would produce an unusual cultural event. Korean envoys would take pride in showing off their literary talent and skills. At guesthouses, Japanese visitors would crowd envoys hoping to obtain a poem, calligraphy or painting. Some local hosts would exchange ideas in writing. Some exchanged poems and Chinese calligraphy. Along the stopover route, local Japanese doctors would press for meetings with doctors from Korea. When the envoys paraded through a town, the parade would provide an unusual occasion for common people to watch an exotic foreign military honor guard in full uniform. Stopovers at ports and lodging towns, as well as the stay in Edo, became a natural venue for cultural exchange. According to "Record of the visit and return of Tongsinsa" which describe about the 8th mission in 1711, 4,567 men in 655 ships were involved in order to meet and escort the delegation. We can also find this in artist drawing.

In many local towns where the delegation passed through, legacies remain to this very day. Paintings depict the procession of Korean envoys, calligraphies and poems left by Korean diplomats can be found. Sometimes, due to adverse weather condition, the journey was unexpectedly delayed while making stopovers. To the entertaining local Daimyo it was extra expenditure, but this extra stay provided an opportunity to exchange ideas, and compose and chant poems. Abundant archeological and documentary evidence support the magnitude and impact of this exchange. The cultural impact of the Korean envoys can also be discerned in local festival, dances, costumes, and dolls of towns and villages.

Envoys costumes and musical instruments were of interest not only to the hosting village but to spectators from neighboring villages. Even though it was against the law, these spectators would rush to the scene and watch the procession. In towns and ports, then envoys left many historical relics, including poems, paintings of the procession, costumes. It provided for the towns people, the procession was once-in-a-life-time and unforgettable event. In some of the towns, indigenous music and dance was clearly affected by the Korean missions. Dolls named "*Tojin ningyo*" meaning Korean doll are found in many different local towns. Following is few examples.

In Takeshima-cho in Gifu Prefecture near Nagoya, a town's wagon parade festival originated from imitating the Tongsinsa procession. This festival instrument is now displayed in Takeshima Museum.

In Tsu city in Mie Prefecture, the city's autumn festival has taken place in Yahata Shrine for the past 300 years, with the *Tojin* (Korean) parade being the high light of the festival. In Ushimado port town in Okayama Prefecture, "*karako odori*" (dance of Korean children) still highlights in their October festival.

In the Kaminoseki Museum, there remains a dinner menu and drawing served to Tongsinsa. The menu provides a glimpse into the culinary arts of 18th century Japan and confirms that the envoys were given the finest cuisine.

In Shimokamagari in Hiroshima Prefecture, we can examine an adjustable stair - style berth, adjustable according to movement of the tides. This berth was specially built for the Korean envoys that called on this port village 22 times.

In Tomonoura port town, Taichoryu the guesthouse was built for the Korean envoys. A calligraphic signboard written by a Korean envoy that says "Ildong Jeil Kyungseung" (The best scene in Japan) is being preserved and treasure of Fukusenji Temple.

In Omi area in Shiga Prefecture, there remains "Chosenjin Kaido" (Korean Envoys Road) that spans about 40 kilometers. According to history, this road was built solely for Shoguns' exclusive use. Japanese authority allowed Korean envoys to pass through. The name of road was derived from such use.

Japanese artist Hokusai Katsushika is famous for drawing 53 scenes of Tokaido. His scenes include Korean envoys passing through Seikenji Temple.

The highlight of the arrival of Korean envoys in Edo would almost certainly be the procession through streets of Tokyo, as depicted in a painting of downtown Tokyo with Fuji Mountain in the background, while spectators fill the main street.

The harbour city Busan in the southeastern tip is the 2nd largest city in Korea and one of the ten largest harbors in the world. Until the 20th century, it was a small fishing village and the contact point with Japan. The port city has grown to bustling international metropolis due to expansion of imperial Japan to Korea that begun in late 19th century. Because of its natural setting and geographic proximity to Japan, in 1905 the Japanese built a harbour in Busan. They then constructed a railroad from Busan to Manchuria to develop the Asian mainland.

The people of Tsushima traditionally lived on trade with Korea. However, during periods of political instability in Japan or during famines, they often become pirates, invading and looting towns and villages along the coast of southern Korea.

The Chosun court came to believe that economic stabilization was essential for peace in the coastal area. Therefore, the court gave exclusive trade rights to the ruler of Tsushima. The Daimyo of Tsushima was thereby allowed to establish its legation (called *wagwan*) and was given the right to trade throughout the Chosun Dynasty except, during the Hideyoshi invasion. This provided a diplomatic link between the Korean court and the Japanese shogunate. The Tsushima post was located at sea in front of the Choryang area. At times the Japanese population in this post numbered 1,000 and trading took place every five days (like traditional open market).

In Busan, there is a place near the costal tip called *Yunggadae* where Korean mission prayed for tailwind for the sailing ship and safe voyage. We can find ample records and a painting of *Wagwan* and its vicinity.

This exchange of missions eventually ended in part because both countries found it too expensive. Another reason is that the Tokugawa Shogunate became weaker and eventually collapsed in 1868. After Meiji revolution, Japan took the path of imperialism and colonized Korea in 1910. The route was no longer used for any similar purpose. The mode of transportation had changed.

There are number of accounts and diaries by Korean envoys. *Hae Heng Chong Jae (海行摠載 Collection of Sea Voyages) is most comprehensive collection of diaries and observation on Japan as seen by Korean delegates. Written in classic Chinese, individual writings were put together and published as a collection in 1914 by Korean Classics Publication Society. In 1977, this collection was translated into Korean in 11 volumes (6,000 pages). The collection spanning the last 600 years is the most comprehensive and detailed diplomats' memoirs solely on Japan written by foreigners. By studying these memoirs we could better understand relations between Korea and Japan as well as history of diplomacy in north Asia.*

The missions also promoted trade, as they would bring some rare gift from Korea to Japan, or even introduce Chinese commodities Korean had obtained from China. The dispatches of Tongsinsa also had an impact on Korean culture. The Korean mission introduced from Japan such food item as tobacco, sweet potatoes and hot pepper, items that did not grow in Korea. Hot pepper has become essential dietary food without which Korean *kimchi* (Korean pickled vegetable) is hardly conceivable. They also brought a few western goods which Japanese obtained from trade with Dutch and Portuguese in Nagasaki.

It is only after the Japanese defeat in the World War II that any attempt to engage in academic research on Tongsinsa began. In Japan, there is much documentation of these trips, many paintings of the envoys, many calligraphies and much related materials. At first there was only sporadic study. Since the 1960s, academic research has drawn public attention and interest is gaining momentum. In the past two decades, there has been a number of attempts to shed light on this unique cultural exchange. What follows is a partial list of identifiable movements initiated in both countries as of summer 2005.

1) National museums in Japan and Korea have staged special exhibitions on "Korean Envoys to Japan" in 1980s.

2) In Japanese towns where Korean envoys passed through, local authority have begun to realize that the legacy of Chosun Tongsinsa could be utilized as resource for sustainable tourism. In many town museums, permanent galleries dedicated to Korean envoys were established. Some of the sites are designated as historic landmarks.

3) Several years ago, a Korean television company staged for youth a field learning expedition taking historic sea route from Busan to Osaka.

4) Several years ago, a special project team was established among teachers in Korea and Japan to study jointly this area. They

published joint reference book called "Chosun Tongsinsa" in 2005.

5) This author recently identified about hundred titles devoted to the study of Korean Tongsinsa. In Busan an academic society was formed early this year.

6) In Busan, "Action Committee for Promotion of Chosun Tongsinsa" was formed in 2004 and reconstructed the procession of Chosun Tongsinsa in Tokyo Street for the first time in two hundred years.

During the past several decades, more and more relics, documents, paintings are being found adding a rich cultural dimension. Some of the artifacts are already in the hand of major museums. The National Museum of Korea even held special exhibition on Korean Envoys as early as 1980s. Many local authorities are now erecting museum to exhibit these relics. As such redefining rich cultural exchange is taking place in two countries.

So far I have tried to explain its historic framework and cultural impact on both countries. As can be seen above, this truly historic route served as a venue and an occasion for interaction, adoption and incorporation and mutual enrichment for two vibrant cultures. This heritage route is composed of tangible and intangible elements that come from exchange and multi-dimensional dialog across the two countries. This cultural route which forms an international belt, is a spatio-temporal phenomenon in which legacies of the past survive. I believe it is now the time for ICOMOS professionals in both countries to research this rare route so that universality of this heritage can be further identified and conserved.

■ 부 록 ■

1. 하회조사(영문보고)

Culture, Heritage Management and Tourism :
Models for Cooperation Among Stakeholders

-A Case Study-
Hahoe Village in Andong, Korea

Prepared for
Korean National Commission for UNESCO
to be presented in Bhaktapur, Nepal
April, 2000

Content

■ Introduction

The purpose of this study is to prepare and submit a case study for the Republic of Korea in the UNESCO Project 504-RAS-70 : Culture, Heritage Management and Tourism : Model for Cooperation Among Stakeholders.

The study is to be presented in the conference scheduled to be held in Nepal in April 2000, where an action plan will be developed for each site.

This case study was conducted between January - February, 2000 by a case study team consisted of 4 relevant experts from the Andong Municipality and the academia, as well as from the community leadership. The report is then written by Professor Kim Kwang Sik of Korea University, Faculty of Humanities in collaboration with Lee Dal Hee, research assistant.

The Hahoe Village with population of 235 is one of the smallest administrative units in the Municipality of Andong which administer an area of 1,500 square kilometers with 170,000 population.

1.1. Outline of Heritage

1.1.1. General Information and Summary

Hahoe Village is located on a beautiful river side in the Municipality of Andong in northern part of the Kyongsang Pukto Province. In Korean, this village is called Hahoe Maul or Muldori-dong (meaning "river circle village"), because it is nestled along a bend of Naktong River, which flows around the village in an "S" shape.

The village commands a breath taking view with its sandy riverside, a pine tree forest, and beautiful cliffs and hills. The physical location alongside the river is reflective of the philosophy of yin and yang, and many consider the village speak to the heart of this thought; the river bends dynamically like that of yin and yang circle with the five elements of eastern philosophy; tree, fire, earth, air and water in harmony.

The scenic village is enhanced by the homes of the nobility with their imposing tiled roofs, as wells as farmers' thatched-roof huts, their bending walls built with stones and mud. The entire village was designated in 1984 as Folklore Material #122 under the Korea's Cultural Property Protection Law. Today, some over 5 million square meters of land surrounding the village has been declared historical conservation sites. Any potential building efforts that could change to the village perspective view or its natural landscape are subject to approval from the central government's Cultural Property Administration. As of the end of 1999, statistics show that there are 235 inhabitants in 105 households with 318 traditional houses and buildings.

The village has been able to maintain better than the average the traditional form of architecture and the way of life in a typical Korean rural village. Hahoe is located some 26km from downtown Andong which is also a remote municipality located 80km north of Taegu towards the mountainous Taebaek ridge. The access to the village has been very through a narrow dirt road until a few years ago. The village has been able to resist the downside of modernization largely because modern means of transportation has not been available until rather recently.

Hahoe village is split into two parts by the main road, which was built along the ridgeline of the hill. The houses are positioned in such a way to harmonize with its natural environment. Houses of the upper-class are located in the center of the village, while those of the lower-class are located on the outskirts. Typically the traditional Korean village houses are positioned facing south. Such an arrangement has an advantage in utilizing solar energy. However, in this village, houses face all directions offering undisturbed observation of a particular scenic spot thus creates a winding and semi-circular village layout.

The natural setting in a Yangban dominated rural community has produced a rich traditional culture of both the ruling and common classes. Hahoe Pyolsin-gut Tal-nori (the Hahoe Mask Dance Drama) represents the artistic tradition of the lower class culture and Sonyu-julbul-nori (Boating & Fireworks show), represents the tradition of the upper class culture. Today the Hahoe Mask Dance Drama and the

Mask itself are designated as national cultural properties receiving legal care for conservation and public access.

1.1.2. History

Andong is home to the well preserved Korean culture of splendid old temples, stone pago- das, traditional Confucian Academy, and homes of the nobility. Because the region is in the heart of the traditional Confucian culture where nationally well known academies still exist and continue to be revered, there is an extensive research effort currently conducted to make the region "Kyongbuk Confucian Culture Zone Development Plan" during the next ten years.

The settlement in the village dates back to 14th century. Records show that the village grew into the present shape during the later Koryo period and the early Chosun period after Ryu Chong-hye, the founder of the Pungsan Ryu clan, moved, finally settling in this village. Since then, Hahoe village has become the clan's haven comprising more than four-fifths of the entire village habitants. The village has become the home of the Ryu family and is famous for being the home of Ryu Songryong, a Confucian scholar and a great statesman (court premier) who led the resistance effort during the Japanese invasion in 1592. There is a memorial museum, Chunghyodang ("House of Loyalty and Filial Piety), at the site of his residence built in 1656.

Thus the village holds interest for many scholars and most recently tourists in that it is not only the home of a distinguished Yangban. Yangban is hereditary aristocratic class of people who were nominated successively as court ministers. They also comprised all of the Confucian scholars during the Chosun dynasty (1392-1910)).

where such tradition well survived but also that of lower class in a harmonious way. There are several classical traditional festivals and rituals still surviving that have become an important cultural heritage of this village. Hahoe village possesses many tangible and intangible cultural heritage from this history, and thus is called a living museum of traditional culture of Korea. The village maintained a traditional form and physical structure and various types of well preserved old buildings can be found here, ranging from the impressive tiled-roofed one of the upper class to the simple thatched huts of the lower class. There are also Pyungsan Seowon nearby, buildings of ancient Confucian academies and schools where Confucianism was studied and taught, as well as the original libraries for cultivation of Confucian studies.

1.1.3. Cultural Heritages

Old and rich cultural heritage have survived in Hahoe Village better than any other village in Korea in terms of its coexistence with modernity. Houses and buildings of typical aristocracy and commoners are scattered throughout the village. Documents, artifacts and intangible assets are abundant. Cultural heritage is protected by the government under the law called Cultural Property Protection Law when they are designated either as tangible or intangible property. The nomination of some specific item as cultural property have taken place since early 1960s.

Even so, it was an object of a few scholastic interests as late as latter part of the 1970s. In 1984, however, the village as a whole and its surrounding areas encompassing approximately 500 million square meters were designated (nominated) as a Folklore Material #122 under the national law. This was a preventive measure to preserve the village landscape and its traditional form in the wake of the ubiquitous penetration of contemporary structures that may ruin the traditional landscape as well as the villagescape.

Cultural heritages in Hahoe Village include;

◆ Chunghyodang hall, Treasure #414, the residence of Ryu Song Yong's successors.
   The house is regarded as a representative yangban house of the middle Chosun Dynasty.
◆ Yangjindang hall, Treasure #306. the main residence of the Ryu Clan heir.
◆ Hahoe mask, National Treasure #121.
   Made of woodcarving, two masks dates back 500 years.
◆ Jingbirok, a war diary of Ryu Song-yong. National Treasure #132.
◆ Pyungsan Seowon-Confucian academy, historic site where the Ryus and others were taught
◆ Folklore materials consist of ten typical house depicting various house style including Pukchon House.
◆ The heritage explained above are by independent item.

The entire village (total area of 5,288,008 sq/m) is designated as Folklore Material protective zone and is given special protection and care. Any alteration and addition of house is under a strict review by expert committee to preserve the original feature.

◆ Hahoe Pyolsin-gut Tal-nori (the Hahoe Mask Dance Drama).

Festival and ritual typified by Hahoe Mask Dance Drama represent the lower class culture and Sonyu-julbul-nori (Boating & Fireworks Show) represent the artistic tradition of the higher class culture while Sonyu-julbul-nori was traditionally enjoyed by the upper class on July

16, while Hahoe mask dance drama was performed by the lower classes in early January.

During the Sonyu-julbul-nori, boating and fireworks come together in harmony on the edges of the Naktong River with the scenic Hahoe village in the background. The Sonbi (scholars) recite poems from floating boats, and when each poem is completed, a fireball is dropped from the Puyongdae cliff down into the river.

The Mask Dances originated from the 12th and 13th centuries. The Tal-nori was devised as a subtle form of social satire, allowing commoners to poke fun at the aristocracy (yangban). This is, interestingly, a common characteristic of mask dances in Korea. The face of yangban, the upper class gentlemen, is almost always deformed in one way or another. It is based on a sense of rebellion felt by the commoners toward the ruling class and the resentment felt in their everyday lives. This sort of satire is allowed as humor on this occasion.

A typical Hahoe mask is marked by the unique and even peculiar features; the jaw is separated from the upper part of each mask and fastened together with a piece of a string on both sides of the jaw, permitting the lower jaw to move up and down as the performer speaks and thus allows for a wider range of emotion. The masks were used in the village's ritual for pleasing the tutelary god, and was performed in early January in the lunar calendar. The basic themes are exorcism rites, ritual dances or biting satire and parody of human weaknesses, social evils and the privileged class.

The last known staging of Hahoe Mask Dance Drama was in 1928, and was since discontinued for 50 years. The present Andong Mask Dance Preservation group was formed in 1975 and is recognized as the holder of the intangible cultural property #111. If and when an art of making an artifact or play are designated as intangible cultural property, the holder(s) are provided with financial support to preserve its skill in lieu of his/her/their obligation to hand-down the skill to coming generation. Today the mask dance drama is performed simply as an entertainment, losing much of its original splendor and social significance.

The group has since featured many performances including the 1988 Seoul Olympic Opening Ceremony. Until the village was nominated as Folklore Material, the annual visitors barely reached about 30,000. The nomination rendered prominent publicity and enhanced public recognition as well tourism. The designation of Hahoe Mask as National Treasure, and the displays of Hahoe Mask Dance Drama in the Olympic Opening Ceremony and subsequent overseas tours also helped to raise international interest. The Andong municipality, in cooperation with its civic community has been staging the Hahoe International Mask Dance Drama Festival since 1997.

The festival drew 350,000 visitors in 1999. Most recent impetus to stage the Festival was given when Queen Elizabeth II of the United Kingdom made a historic visit to the village in April 1999, celebrating her 73rd birthday in the village. The media coverage during this visit gave the village an international interest and importance.

Since then, the visitors to the village have tripled to over 100 million annually, and that number is expected to increase. The village, thus can be termed a combination of a historic garden and living monuments requiring a combination of set of measures to satisfy diverse components of architectural composition, rural topo-graphy, vegetation and town planning.

1.2. Services available in Hahoe village

Accommodation in Hahoe village is inadequate and insufficient at this time. There are not hotels in the village itself , and only one tourist class hotel in downtown Andong, some 26 kilometers away. Recently some of the villagers have started home-stay facility, 'Minbak' to fill the gap in visitor accommodation. Statistics show that there are 27 households currently engaged in Minbak business with a total of approximately 105 rooms (no bed but futons are provided). Average room that sleeps two per night is $20.

1) Accommodation

	Number	Location	Number of room
Hotel	1	Andong	41
Motel	121	Andong	2,600
Guest House	27	Hahoe village	105
Sum	49		2,746

2) Food retailers

	Number	Location	Number of table
Ordinary restaurant	1,985	Andong	39,700
Trad. Restaurant*	7	Andong	810
Food outlet	15	Hahoe village	300

* Traditional restaurant depicts the designated restaurant by Municipality.

3) Souvenirs and crafts retailers

There are nine(9) souvenirs store in the village

Out of these retailers there are seven (7) stores specializes in local handicrafts.

4) Parking facilities

Total area of 14,197㎡/in two separate location enabling 500 automobiles and approximately 50 buses to park.

5) Public lavatories

Seven including four temporary facilities

6) Hospitals

In the village, there is a clinic run by the City of Andong with a nurse on duty.

Citywide, there are three general hospitals and 102 of medical clinics.

7) Agricultural Coop banking facility located 4 kilometers from the village.

There are nine bank branches with 30 Automatic Teller Machines in downtown Andong

8) Post Office is located 4 kilometers away from the village.

SECTION 2. Statistics

2.1. Statistics of visitors

In 1999, there were 1.1million visitors to Hahoe village. This figure is about 55% of 2 million who visited Municipality of Andong. The village had daily visitors of 3,027 and monthly average of 92,076. This figure represents an increase of 294 percent as compared with 1998.

There were abrupt increase of visitors since April 1999. The reason fur sudden increase reflects publicity brought about by the visit of Queen Elizabeth II of United Kingdom in April 1999.

		1/4	2/4	3/4	4/4	total	Average	
							day	month
Visitors	1998					375,921	1,030	31,327
	1999					1,104,920	3,027	92,076
	Growth(%)					294	294	294

2.2. Average stay and their expenditure

The percentage of international tourists constitutes a mere 1.9%. These visitors stayed about three hours in average. Their expenditures on average were in the range of $30 including accommodation.

Year	Fees paid (int'l)		Fees paid (nat'l)		Total paid admittance	Free admittance	Total
1998	5,488	1.9%	280,614	98.1%	286,102	88,828	374,931
1999	15,334	1.95%	770,135	98%	785,469	319,451	1,104,920

SECTION 3. ECONOMIC INDICATORS

3.1. Municipal Budget(FY2000)

For the fiscal year 2000, the Municipality of Andong balances its income and expenditure 234.5 billion Won (US195,440,000) with central government's Local Tax Transfer and Financial Assistance Aid which came to 54% of total income.

This indicates that the local autonomous government is still poor. Nation-wide average is 25 percent. No concrete figures are available on how much the local municipality earns from tourism, not to speak of Hahoe village.In expenditure, a large sum of budget is earmarked for water supply and building economic base for agriculture.

For Culture and Tourism Promotion Division, the annual budget stood at 10,628 million Won or 4% of the municipal budget. This figure again breaks into 4,600 million Won for management of heritage, 45% of the culture-tourism budget. For the promotion of tourism, Andong spends 4,000 million Won. There was no extra-budgetary income over the last three years.

SECTION 4. MANAGEMENT OF HERITAGE

4.1. National level

The 1962 legislation of the law for the protection of cultural property reflected national aspiration and the past century in Korea modernization has tremendously affected the society and changed drastically the way of life. Colonial experience during the first half of 20th century also brought about much forced change in the traditional way of life. Korean War in early 1950s not only rendered the country destitute, but also devastated national morale.

Koreans have undergone an extended period of identity crisis in the aftermath of the colonial rule and in the process of modernization. Many historical monuments and relics were lost, damaged and taken out of the country.

After the Korean War, urban lifestyle became increasingly westernized paying less atten tion to the traditional values and practice. Traditional values and relics were looked down as many intellectuals venerated cultures of the West. The fact that traditional view of Chosun dynasty to wards merchants and performing artists were given a lower social status did not aid in promoting national culture during the early post war years.

As Korean society rapidly moved towards modernization and western-style living, traditional skills associated with producing traditional arts and crafts faced the danger of being lost and forgotten. There was an urgent need for government policy and system in the preservation of monuments and relics of historical, artistic and academic value.

General law prescribing heritage is the Cultural Property Preservation Law (Law #3644) enacted in 1962. The management of cultural heritage is the responsibility of the Cultural Property Administration under Minister of Culture and Tourism. The law defines what is the cultural heritage and how they should be documented and preserved.

It stipulates the purpose (of the law) to preserve cultural property to pass them on to the next generations and to ensure that they are actively utilized to further cultural development of the nation, and thereby contribute to development of the mankind. The law has been amended several times since and specifies the role of the national government and that of local authorities.

4.2. Definition and classification

Cultural properties are those monuments and relics that have rare and highly historic, artistic, and academic values. Their main classification, under the law, is those belonging to one of the following categories:

1) Tangible properties such as buildings, books and printed matters, fine arts, sculptures and crafts of high historic or artistic value;

2) Intangible cultural properties such as play, dance, music and skills in crafts;

3) Monuments such as historic sites and natural beauty, flora and faunas of that have high scholarly value;

4) Folk cultural materials such as housing, clothing, religious functions and annual rites that depicts national way of life.

5) Cultural resource materials, designated by provincial and

municipal governors, of 1) 2) 3) and 4) categories which has not yet been designated as one of the four categories. Therefore, this category can be termed as local candidate cultural property that can be upgraded later.

4.3. Administration

The Cultural Property Protection Law, the Cultural Property Council (CPC) advises the Commissioner of Cultural Property Administration on matters regarding cultural property.

The Council conducts survey and review on the management and utilization of cultural property. Designation of a cultural property has to be deliberated at the committee. The members are comprised of independent academia and experts is essential body in the policy-making and administration of the cultural property.(Article 3) The Cultural Property Administration serves as the secretariat.

Because cultural properties are located throughout the country, close cooperation between the national and local governments are essential. And since they are closely associated with the culture of the area in which they are created and found, their preservation is important for the development of the local culture.

Therefore, it would also be the responsibility of the local government in the protection and conservation of cultural properties. For this reason, cultural property is classified as national or provincial property. Municipal or Provincial Government can designate an object, as provincial-municipal cultural property, those items that have not yet been chosen as national property.

4.4. Organigram of Heritage Management

National government (Cultural Property Administration)

- Legislative responsibility,
- Administrative orders and measures based on the law,
- Organization and management of Cultural Property Committee,
- Actual designation and relief of cultural property,
- Study on conservation,
- Administration of local transfer tax and other financial aid to local authorities

Kyongsang Pukdo Province (Bureau of Culture and Tourism)

- Local level legislation,
- Management of provincial cultural property committee,
- Designation and relief of local cultural properties,
- Provincial assistance to sub-local authorities

Municipality of Andong

- Administration of cultural properties in Andong area,
- Report to Province and National government,
- Recommendation on designation or relief of cultural property, coordination within municipality for tourism development and heritage management, Establishment of Hahoe −Village Office,
- Local execution of conservation and restoration

The System of Identification, Selection of Culture Properties

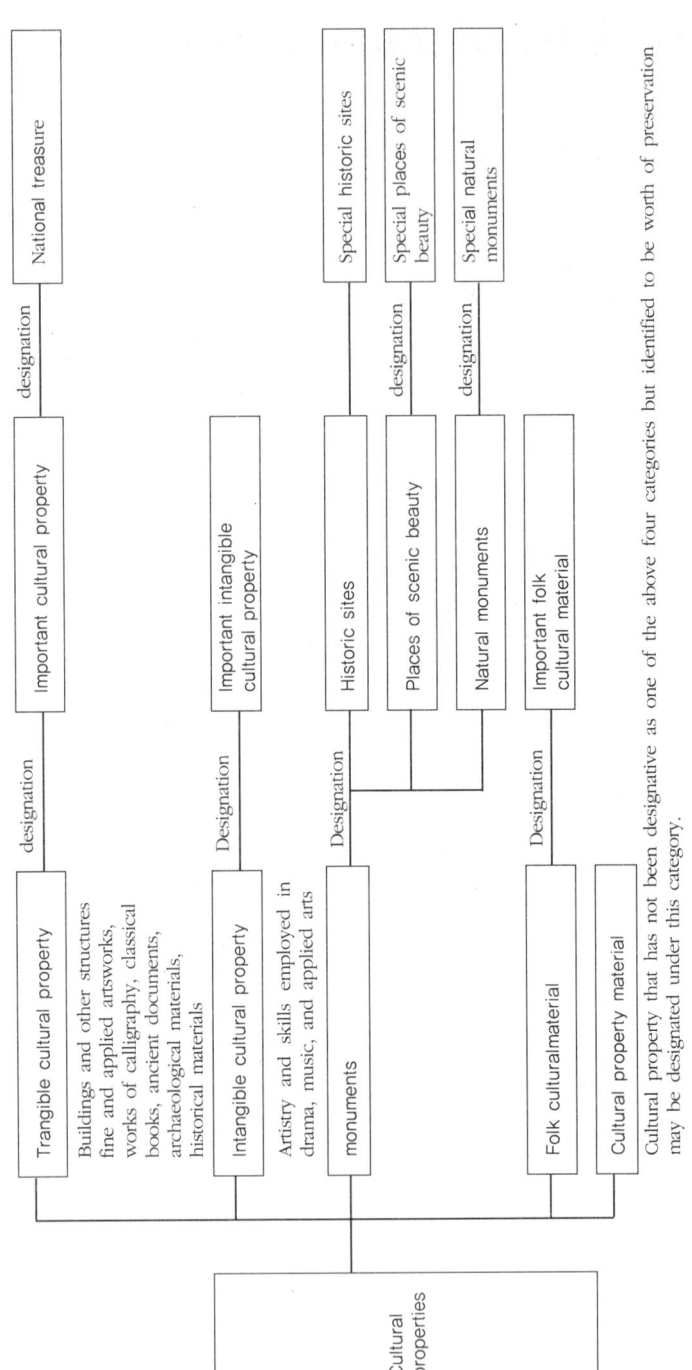

Cultural properties

Trangible cultural property
Buildings and other structures fine and applied artsworks, works of calligraphy, classical books, ancient documents, archaeological materials, historical materials

→ designation → **Important cultural property** → designation → **National treasure**

Intangible cultural property
Artistry and skills employed in drama, music, and applied arts

→ Designation → **Important intangible cultural property**

monuments

→ Designation →
- **Historic sites** → Designation → **Special historic sites**
- **Places of scenic beauty** → designation → **Special places of scenic beauty**
- **Natural monuments** → designation → **Special natural monuments**

Folk culturalmaterial
Cultural property material

→ Designation → **Important folk cultural material**

Cultural property that has not been designative as one of the above four categories but identified to be worth of preservation may be designated under this category.

4.5. Heritage Management at the Site

As previously mentioned, Hahoe village is a lowest administrative area in Pungchonmyon, City of Andong which has 1,519 sq/km of land area and 170,000 population. Most of administrative work is carried out by the Pungchon-myon Office while the City of Andong maintains Hahoe Village Detachment Office to administer some specific tasks related with the heritage management.

Out of 4,648 million Won, which is 43.7% of culture-tourism budget, allocated for heritage management Andong area, the Municipality spends 2,059 million in Hahoe. In the meantime, Hahoe Detachment Office spends in 2000 a total of 454 million Won that can be break into 280 million for salaries and 164 million Won for heritage works.

The City of Andong returns 351 million Won out of 878 million collected as village entrance fee to the Hahoe Community Development Association for the village to spend toward improving public facility such as pathways and sewage system.

5.1. Completed Heritage Projects

Description of completed projects	Implematation period	Total budget	Funding sources
Repair of houses 14unit Improve of path 288m Parking lost 1,200sq/m Const. of toilet 2 unit	1984-1988	808,789,000원	National Govt App 70% Municipal budget 30%
Improve of path 160m Repair of houses 6unit Const. of toilet 1 unit Repair of wall 126m	1989	264,285,000원	Nat'k 182,450,000 local budget 81,835
Improve of drainage Repair of house Repair of wall Improve of path	1999		

5.2. Heritage Projects in the Pipeline

Project	Period	Req. Budget	Resource Available	Means to solve deficit
Improvement of the village -land acquisition (public use) -Repairs -Install parkings -Public toilet, etc. -Drainage, lights, etc.	1984~2002	W17,786,000,00	W8,529,263,000	W9,256,737,000
Develop of tourist commercial zone in front of the village. Area : 184,000m² Accommodation, shops, entertainment, amusement, parks, etc.	1997~2006	W16,934,000,000	W16,934,000,00	Public fund W5,908,000,000 Private ventures W11,026,000,00
Dev. of Confucian cultural zone		600,000,000	W600,000,000	
Tourism developement in Andong zone	1997~2001	W946,554,000,000		

SECTION 6. PLANNING FOR HERITAGE

6.1. Conditions of Heritage

All the designated cultural properties are privately owned. The chart and the map indicate the ownership and conditions of each designated heritage. Heritages in Hahoe village are either house or movable property.

In the case of a house or a hall, it requires the repairing of roof tiles and walls every 30 years. The cost of traditional house structure is considerably higher than ordinary build since it requires lumbers which has become expensive.

The carpentry fee is higher because of fewer demands. Although not designated individually, thatched-roof houses comprising almost half of the housing structure in the village require annual roof improvement with fresh rice straw. Rice straw too has become rare item ever since the method of harvest has mechanized in which straws are thrown away.

Rice straws should be bound in a sheave in order to use them for roof spreads. Out of six- teen designated tangible cultural property (except the movable ones), houses and halls were regularly given care. As of year 2000, repairs seem necessary for Wonjijungsa house and Nam- chon house which was damaged due to fire. Budget for these restoration is appropriated for this year.

Roads and paths were unpaved mud roads within the village. The road approaching the village is now paved. Roads and paths in the village are now paved with dirt-cement that looks much like the dirt path in color. Movable cultural property of Hahoe, i. e. mask of Hahoe and documents of Ryu are well cared for. The Hahoe mask is under custody of the National Museum in Seoul while Jingbirok, the memoirs is kept and exhibited in Chunghyodang hall in Hahoe.

6.2. Cost of Restoration of Heritage

In 1999, the City of Andong subsidized 700 million Won for repair of 11 thatched roof houses and 1 tile roof house. The accompanying chart shows the cost of repair of thatched, tile house and walls.

Sample repair cost

Thatched roof house
    Unit area size   44 sq/m
    Material costW9,700,000
    Labor cost W27,000,000
    Other cost W16,500,000

Tile roof house
    Unit size72 sq/m
    Material costW18,500,000
    Labor cost W31,000,000
    Other cost W22,500,000

Wall (per square meter)
    Material costW150,000
    Labor cost W170,000
    Other cost W140,000

SECTION 7. PLANNING FOR TOURISM

7.1. Tourism Development Strategy

It was estimated that the tourists visiting Andong area to be approximately 2 million and among these visitors, about one million visited Hahoe village. It is probably the most important destination in Andong. In view of the tourism resources in Andong, this figure does not seem impressive. And among 2 million visitors, it is estimated that less than half stayed overnight in the area.

This indicates that although there are potential income from visitors, the tourism potential has not been maximized. In the case of Hahoe village, it is even worse. Most of visitors stay an average of three hours.

Andong area is the heart of traditional Korean culture highlighted by its rich history, the abundant Confucian relics in a beautiful natural scenery, all that can attract tourism with proper management. The region still lacks means to approach from population centers. However, with the expansion of nearby Yechon airport facilities, opening of Jungbu motor expressway and perhaps construction of double railway tracks of Jungang line, its physical accessibility will at least improve, removing the obstacle of reaching Andong as a destination.

The Municipality of Andong has developed a strategy focusing on the following four points.

1) Development of Confucian cultural region;
2) Develop handcraft souvenir item related with Confucian culture such as gentleman's hat, fan, etc along with

traditional local cousins;

3) To present traditional performing arts and rituals a regularly scheduled performance in a specified facility

When projects elaborated above bear result, Andong will become a more tourist-friendly destination, enticing visitors to stay longer. This will of course be connected with the improvement of household income for people of Andong and consequently for the management of it heritage. All of these strategies grass-root strategies, lacking immediate objectives for year 2001.

SECTION 8. Analysis of Heritage Management and Tourism

8.1. Revenue scheme

Parking fee exists at privately operating parking lot. Municipal parking space is free.

Entrance fee is levied by the municipality under the cultural property protection law. Fee for adult is 1,500 Won while youth and student fee is 820 Won. In 1999, the City collected 878million Won.

▶In hotels and restaurants, 10% value added tax is levied at tourist class facility. In village restaurants and economy class hotel, simplified tax reporting scheme is applied. These tax is national tax and therefore it is not appropriate to say that such revenues are spent on heritage management.

▶Local tour guide service is available. It is administered by the municipality, but guides are volunteers. Presently there are 45 volunteers.

▶There is no commercial book store. No privately owned book store is on site. Municipality produces printed materials for free distribution.

▶There are public toilets administered by the municipality. Use of toilet is free.

▶There is no municipally staged show. Between March and November, there are two free-of-charge performances of Hahoe Mask Dance Drama on Saturdays and Sundays. The performances are staged by members of Hahoe Mask Dance Drama Preservation Society with financial support from the municipality. We will look in detail on effectiveness of the schemes with results of surveys.

8.2. Evaluation

As we have observed, capture of revenue from tourism is meager in Andong. The only income that can be counted as income from tourism is the village entrance fee. And to increase the income is to raise fee which require careful study.

Therefore, in Hahoe and Andong in general, capturing of revenue from tourism require long term study and planning. Let's see the figure on Hahoe.

The Municipality spends about 2.5 times the income from entrance fee.

▶Income

Sums of entrance fee(won) 878,210,000

Expenditure 2,059,284,000

Operating cost for Hahoe Office 454,000,000

Subsidy to the Village Association   351,840,000

Restoration budget for Hahoe 1,254,000,000

Total   2,059,284,000

In Korea, the use of tourism revenues on heritage management is entirely a new concept.

For example, in case of the National Museum in Seoul, which is the representative and most known heritage-tourism facility, the government appropriates more than one hundred times the income generated from entrance fee. However, few Buddhist temples in the country frequented by tourists earn enough income to sustain its cultural properties.

Most of the financial resource originates from the national government. To capture revenue for heritage management from tourism on the local basis require long term planning that should take several facts in consideration.

1) Reliance on national government for heritage and other budget requirements by local authorities should be lowered.

2) Improvement of tourism in general will benefit local economy which will eventually go to heritage management.

3) In the meantime, Andong should crystallize and implement Confucian Culture Zone Development Plan to bring benefit to Hahoe and Andong in general.

4) National government should find some effective schemes to improve tourism facilities and create tourism demand.

SECTION 9. PROMOTION AND PRESENTATION OF HERITAGE

9.1. Schemes implemented to attract visitors

Publicity on the village has been implemented on various occasions ever since the village was designated as National Folklore material #122 in 1984. The publicity was focused on its nat- ural surrounding and its abundant traditional cultural relics. The existence of several different types of the cultural properties as well as typical rural and yangban village was emphasized.

The Hahoe Mask itself as a tangible treasure and the Hahoe Mask Dance Drama as intangible cultural property were featured on many different occasions. All of these contributed to the public information on the village which eventually led to package and individual tourism. In order to attract more tourism, Andong Municipality plans following schemes for year 2000.

Andong Municipality have produced following materials;
Map of Tourist Destination 30,000
Leaflets (5 kinds)   100,000
Brochures & books (3 kinds)   40,000

Andong city authority opened and operates website. It is in Korean and English. URL is http://city.andong.kyongbuk,kr. Number of hits is 84,500 since its beginning in November,1998.

Andong city authority also plans to hold following tourism development events in the year 2000-2001.

▶ two tourism explanation meetings abroad and 8 domestic events.

▶ FAM tour for tourism writers

▶ Andong International Mask Dance Drama Festival in October, 2000

▶ Confucian Scholastic Event commemorating 500th birthday of Lee Toegye, the known scholar of 16 Century at his academic institute Tosan Seowon in year 2001.

▶ Development of walking tour of Andong and scheduled performance of Hahoe Mask Dance Drama during the tourist season.

9.2. Explanation for the site visitors

▶ Signs in the village can be found at two different locations. They are in Korean and English

▶ At each designated heritage site, there are 13 information boards in front of each cultural property.

▶ Printed information (map, brochures ,etc.) are available but not adequate.

▶ Guides are on duty on several important locations. There are opinions on guide (see survey section)

9.3. Presentation of living culture.

The living culture of Hahoe is the Hahoe Mask Dance Drama.

The living culture which existed staged until 1928 by villagers is no longer available in Hahoe by villagers. Since 1975, holders of such art were recognized and designated as Intangible Cultural Property under Korean law. They form a preservation society and based at Andong downtown. Presently 2 villagers act as members. They perform the drama-dance for visitors on weekends from March to November.

There is a private mask museum on Hahoe masks at the entrance to the village that helps to understand the masks of Hahoe.

Monitor of authenticity. Monitoring is carried out on licensed outlets based on the relevant regulations. However, there is no monitoring of small scale of souvenirs or handcrafts.

Motor vehicle is prohibited to enter the village. All visitors must park their vehicles in parking area. The villagers however are allowed to use vehicles without restriction.

There is no restriction of visitors during certain days. Officially there is no restriction by hours. Entrance fee is not collected after dusk.

SECTION 10.

10.1. Visitor Survey

10.1.1. National Visitors

▶ General Information

The survey was conducted from January 10-21, 2000 and assembled a total respondents of 74. By region, the respondents were, in the order of majority, 25 or 33.7% from capital city of Seoul, 13 or 17.6% from Kyongbuk area, 12 or 16.2% from Kyonggi area, 9 from Chungchong area. For the purpose of visit, 65 percent of respondents answered cultural tourism, while recrea- tion/vacation occupied 23.7 percent.

Most of the visitors arranged the tour by 'self' making 66.2% of respondents while 31% visitors were arranged by friends or relatives. More than half (53.6%) of visitors learned about the site through mostly friends/word of mouth while 26.2% learned through guide book or internet.

On the length of stay, 59.5% of visitors answered as day trip while 37.8% responded over night stay.

On the budget, 45.9% answered the range of US$20-50, while the range of US$8-20 made 23%.

Among means of transportation, 48.2% used bus, but 29% visitors came with their own vehicle.

▶Services and Authenticity

Creation of traditional atmosphere needed improvement. There was 60.9% who answered responded negatively on authenticity or traditional atmosphere. 39% of visitors agreed that they experienced traditional atmosphere out of which 58.3% answered the atmosphere added to their enjoyment of their stay.

78% respondents indicated their willingness to stay in such hotel if such hotels are in service.

Food service needs much more improvement. More than half (55.4%) answered that they did not sample local cuisine. Opinion on sampling of local cuisine divided; 48.5% said answered positively on authentic atmosphere while 51.5% responded that it had no authenticity.

On the question whether restaurant used authentic utensil, 74.1% responded negatively. Of those who said no on sampling of local cuisine, 48.8% said that they did not know where to find it while 19.5% answered cleanliness as a declining factor.70% of visitors did not purchase any souvenirs in the site.

On the variety of crafts, poor counted for 50% while acceptable was 43.6%.

On moving around the site, 66.6% moved on foot. It is not clear how the rest moved around.

56.4% answered that there is insufficient lighting on the site.

Hygiene-Overall cleanliness was acceptable by 60.8% while 24.3% answered excellent.

Pollution-Level of air and noise pollution of the site was acceptable by 90% of the majority.

However, on visual pollution, opinions were divided roughly in half with respondents saying 'excellent' slightly higher than 'acceptable'.

▶Presentation of Heritage

Opinion on care: 16.9% answered good, 57.7% said reasonably cared for and 25.3% said not sufficient.

On signs: 16.9% and 57.7% answered definitely good and fine as it is.

Map: 27.7% were able to obtain the village map, but 40.4% were not able to obtain the map. (Map is not on sale at the site)

Guides: 59.6% of visitors had the guide service out of which 31.8% were very much satisfied while 47.7% answered reasonably satisfied. Among those who were not satisfied, which was 20.5%, said the guide's professionality as the reason occupying 55.5%.

Fees: 57.1% visitors said the fee reasonable but also 42.9% replied the fee being too expensive. However, 62.3% of visitors replied that they are willing pay larger fee if they had assurances of that money be sued for heritage conservation.

10.1.2. International visitors

▶General Information

The survey was conducted from January 10-21, 2000 and assembled a total respondents of 128. By nationality, respondents can be divided into, in the order of majority, 58 or 33.7% from Japan, 27 or 21.1% from Europe, 26 or 20.32% from North America, 9 from Asia.

For the purpose of visit, 41.4 percent of respondents answered recreation/vacation, while cultural tourism counted for 23.7 percent.

Most of the visitors arranged the tour by 'self' making 73.4 percent of respondents while 22.7 percent came to attend organized vents, and only 3.9% came through advise by friends or relatives.

About sixty percent of visitors learned about the site through books or internet and 21.3% learned about the site through friends/word of mouth while 26.2% learned through guide book or internet.

On the length of stay, 59.4% of visitors indicated overnight stay while 27.3% answered a day trip, and about 12.5% answered the stay of up to one week.

On the budget, 65.4 answered the range of US$20-50, while the range of US$8-20 made 19.7%. Budget over US$50 counted for 11%.

For means of transportation, 59.3% came by bus, next by airplane 14.8% followed by 13.3% by train.

▶ Services and Authenticity

Contrary to answers by nationals, 75% of international visitors replied authentic atmosphere in accommodation against 25% negative answers.

There was 48.6% of visitors agreed that the atmosphere was created authentically. 68.7% of international visitors indicated their willingness to stay in hotels that recreated authenticity.

Food service needs much more improvement. Absolute majority (87.5%) answered that they did sample local cuisine. On this question international visitors showed much more interest on local culture than the nationals. Also 88.8% replied authentic atmosphere of the restaurants.

On the question whether restaurant used authentic utensil, 72.9% responded positively making sharp contrast with that of national visitors. This may due from unfamiliarities on the part of international visitor. Of those who said no on sampling of local cuisine, 50 said that they did prefer while 12.5% did not know where to find it.78% of visitors did not purchase any souvenirs in the site.

On the variety of crafts, poor counted for 45% while acceptable was 42.4%.

On moving around the site, 71% moved on foot. It is not clear how the rest moved around.

46.8% answered that there is insufficient lighting on the site while 41.1% replied adequate.

Hygiene: Overall cleanliness was acceptable by 61.4% while 22% answered acceptable.

Pollution: Level of air and noise pollution of the site was acceptable by 61% visitors while 39% said excessive. Similar result appeared in sound pollution.

On visual pollution, opinions were divided in half with respondents saying 'acceptable' slightly higher than 'excessive'.(57.8% vs. 43.7%)

▶Presentation of Heritage

Opinion on care: 44.9% answered good, 41.7% said reasonably cared for and 13.4% said not sufficient.

On signs: 73.9% said fine as it is and 36.8% answered definitely good.

Map: 38.3% were able to obtain the village map, but 57.8% were not able to obtain the map. (Map is not on sale at the site)

Guides: 80.4% of visitors had the guide service out of which 47.7% answered definitely or reasonably satisfied.

Fees: 75.9% visitors felt the fee expensive. On the willingness to pay larger fee if they had assurances of that money be sued for heritage conservation, 73.6% of international visitors replied negatively, leaving question of interpretation.

SECTION 11. Community Participation

11.1. Summary

The village residents organized judicial entity, "Hahoe Village Conservation Association" in 1995 and through this organization residents collectively participate in policy making and improve- ment of common facility.

The recent increase of visitors prompted new business; tourist related services such as souvenirs shop, home stay and country food restaurant. However, there are several alterations of house deviating from prescribed traditional form without approval from the authority.

Negotiating with needs of residents against the government authority's will pose some difficulty. Inflexible position of the authority toward the alteration of traditional houses in the village as national folklore material #122 has been discontent issue among the residents.

Services : There is no village resident acting or employed as guide at the site. In the village there have been no restaurant in the past, but with the rapid influx of visitors, 30 households now run home stay type accommodation and some 23 household run food outlet. There are also 8 households run souvenir shop within the village.

Conservation : Because the heritages being their own place of living, they are the primary stakeholder in the heritage conservation. The Hahoe Village Conservation Society is the collective channel for the residents to participate in conservation. In Hahoe Village Detachment Office run by Andong Municipality, there are four residents employed as clerk.

There is no specific programmes on heritage education. The average village residents are in 60s or over.

SECTION 12.

12.1. Summary

Korean rural villages have witnessed a dramatic decrease of residents as cities provide more and better opportunity for job and other economic activity. Thus residents age distribution have become increasingly old.

Also there have been no visible change of livelihood in the village which has been a clan's home. Village economy remained agricultural except the recent changes taking place in the village in terms of food outlet, souvenir ships and home stay business.

Influx of tourists have certainly brought changes as well as innovations in heritage management in general and created some new jobs and business.

Parking lots, lightings, improvement of paths have been carried out to meet the flow of tourists.

Town-office (Pungchon-myon office) increased collection of garbages.

Despite these infrastructure improvements, voice is heard from visitors for better lighting, pavements and method of presentation of monuments.

There seem no visible revival of traditional culture because of flows of visitors yet. Traditional cultures, however, which might have ceased to take place in the region, can be identified and revived like that of Chajon-nori or Hahoe Mask Dance Drama with development of tourism in the area.

13.1. Spatial

The average age bracket of residents is 60. Korean villages have witnessed under-population since 1960s. Growth of the tourism is not the cause of displacement of population of certain age bracket. How to rejuvenate the population is the task to face not only in Hahoe.

13.2. Economic

There are no signs that the tourism industry replace local industries. Contrary, certain portion of residents are now engaged in tourism business.

13.3. Spiritual

No signs of spiritual pollution here in Hahoe village. The fact that the site is a clan village and because of that, the village have become heritage site, residents are proud of their commu- nity becoming tourists place. The pride is prime mover in their move for listing the village as a World Heritage Site.

13.4.Material

Change of material culture cannot be attributed to the growth and impact of tourism. Rather it is common phenomenon that can be found in all Korean rural villages. The growth of tourism that may accompany increase of income will give impacts on their life.

13.5. Visual and Noise

The traditional scene of the village have changed drastically once in 1970s when the then government launched nation-wide campaign called Saemaul Undong. It was a government driven campaign to enhance livlihood mainly in rural area. One of the government campaign was to convert traditional thatched roof into slate roofing with government subsidy.

Later the policy was criticized for indecent and untraditional feature. When the village was designated as Folklore

Material #122, those houses were urged to revert back to thatched roof. Government provides financial support for this reversion and maintenance every year since 1980s.

Policy of maintaining traditional feature invite conflict of interest in that current policy that prohibit any alteration for improvement of function. This will be further mentioned in the conclusive part.

Recent changes of old farm house into simple food outlet and home stays inevitably invited installations of unrefined signages. Some has opinion that the cement pavements harm the rural village scenery.

Street lights installed do not match with houses around. Therefore it is recommen- ded that an mage identity program (like that of CIP) be introduced to bring harmony with existing heritages and its environment.

Garbage

No problem in garbage is detected in the village. The myon office collects everyday.

● Summary

Questions on tourism promotion appeared positively. But less than one fifth of the residents showed negative answers on the increase of visitors. They may worry about intrusion of privacy by lows of tourists wandering around the village. Some 40% replies both positive and negative aspects of tourism.

Majority of the residents believe that the government spending on the heritages should be increased.

● General Information

Out of 105 households in the village, the questionnaire collected were 95		
By age group	under 20	24.7%
	between 20-40	43.4%
	more than 40	31.95%
By gender	male	46.4%
	female	53.6%
By occupation	student	27.8%
	house-hold duties	29.8%
	Service industry (Food outlet) (retail/shop) (tourist guide) (other)	20.6% (12.4%) (2%) (3.1%) (3.1%)
	agriculture	13.4%
	civil servant	3.1%
	heavy industry	2%
	unemployed	3.1%

• On tourism

Preference on tourism:	increase	79.4%
	decrease	16.6%
	no change	4.1%

• Tourist behaviors:

dress	like it	68%
	don't like it	14.4%
	don't mind	11.3%
taking photos	like it	54.6%
	don't like it	24.7%
	don't mind	20.6%
Entering house	like it	69%
	don't like it	16.5%
	don't mind	14.4%
On impact of increase in daily life	"yes" (positive impact 37.3%) (negative impact 22%) (both 40.6%)	60.8%
	"no"	34%
On evaluation of growth in tourism	happy	54.6%
	pros and cons	38.1%
	don't like it	4.1%

• Heritage

On warranting interest of visitors	definitely	61.8%
	not sure	30.9%
	don't understand why	7.2%
Awareness of the significance of the site obtained from	through family	42.3%
	at school	24.7%
	no one explained	28.9%
	book	4.1%
Heritage as own living house	"yes"	27.8%
	"no"	72.2%
On repairs retaining traditional look	"yes"	69%
	"no"(*)	31%
Government financial assistance for repair	received	65.5%
	not received	34.5%
Government spending on heritage conservation	definitely more	85.5%
	not sure	7.2%

(*) repaired but shape was altered

■ CONCLUSION

With the help of the national government, Kyongsang Pukdo provincial government is now under the process of undertaking research and study for the development of Confucian cultural zone in the northern part of Kyongsang Pukdo.

When the plan is finalized and implemented, it is expected that the resources in Hahoe village, together with other attractions will be utilized fully making the area more attractive for tourism.

Hahoe village and cultural properties in the village are given due care under the law for the Protection of Cultural Property in Korea. They include conservation and the maintenance in 'original form'. Necessary funds have been appropriated by the national government.

So far there have been more funding spent for the management of the heritage than income generated. However, there is a possibility of more income that can be generated from tourism in Hahoe. Andong municipal authority will endeavor to raise more income by carefully studying various elements and factors.

On the other hand, the question remains in regard to harmonizing the gap between native residents and the authority in the method and direction of conservation. The Washington Charter on the Conservation of Historic Towns specify that conservation plan should be supported by the residents of the historic area, and that the improvement of housing should be one of the basic and common objectives.

In Hahoe village, for example, improvement of toilet and kitchen have not been allowed for. Improvement from thatched roof to tile is prohibited as it may alters the original feature. It is only recently that the national government's cultural property administration began to review this situation. It is hoped that a solution could be found to satisfy residents and the authority.

Hahoe Report-2001

Hahoe team leader Professor Kim Kwang Sik wrote this progress report to present it to UNESCO Lijiang Workshop in October 2001 to help understand the current situation on the site. Although this progress report is not an officially authorized version, contents of this report has obtained endorsement from the UNESCO Korean National Commission and Hahoe community leaders so that it can be submitted as a recommendation to the national and provincial governments for proper action. KCNU and Hahoe Village Conservation Association funded this report.

I. Progress Report

1. Hahoe Data (Updated as of September 15, 2001)

1-1. Service available in Hahoe village(change since 2000)

	2000	2001
Inn*	1	1
Guesthouse**	27	27
Souvenir shops	8	10
Restaurant*	5	5
Food stall**	12	12
Schedule bus	12 times/per day	12 times/per day

*Shows licensed service available just outside the protected zone
**Shows unlicensed service inside the village

1-2. Statistics (visitors 1998~2001)

1998		1999		2000		2001 (Jun30)	
National	Foreign	National	Foreign	National	Foreign	National	Foreign
	5,221		15,334	833,099	9253		4858
374,931		1,104,920		842,352		388,992	

1-3. Revenue from fee

	1999	2000	2001 (As of Jun 30)
Won	878,210,000	666,144,750	319,957,600
US Dollar			

1-4. Heritage Project (undertaken in 1999~2001)

	1999	2000	2001
Project	Major repair 15u Minor rpr 198u* Walls 693m	Major repair 17u Minor rpr 192u* Walls 693m	Major repair 15u Minor rpr192u* Walls693m Others
Budget (US$)	1,3404,000,000	1,240,000,000	1,964,000,000

*Minor repair is re-thatching of 198 units of roofs

2. Action Plan-Gist

Bhaktapur Workshop in Nepal 2000 called for an action plan to be implemented by local authority of Andong Municipality and progress report in next 18 months. The action plan, in a Flagship Action, recommended setting up Hahoe Heritage Research and Planning Institute (HHRPI) to initiate follow up measures as stipulated in the action plan.

Establishment of the HHRPI requires involving the municipality and the community with the help of a local academic institute such as Andong University.

The suggested membership fee to HHRPII would be approximately US$500,000,and the institute would implement the following actions:

To create working relations between the authority and the community

To study existing regulations

To study on impact of tourism on the village

To study on the community population issue (in the context of preserving intangible assets), and

To plan an interpretation center for the tourist.

3. Actions undertaken

3-1. Action Plan Team

Hahoe action plan team leader Professor Kim have submitted to Mayor of Andong in May, 2000 the full report on the Bhaktapur workshop and action plan. Andong Municipal Authority has also received verbal account from Mr. Song Seunhgkyu who attended the Bhaktapur workshop immediately upon return from the workshop. Korean team leader Professor Kim has also submitted a full report to UNESCO Korean National Commission and Hahoe Heritage Conservation Society (community).

Professor Kim made several inquiries to Mr. Song Seungkyu and has also conducted two fact-finding trips to Andong. We were still not able a progress report to date.

3-2. Stakeholders Response Local Authority

The jurisdiction and responsibility of Heritage administration lies within the culture-tourism section that oversees heritage conservation, tourism, modern art promotion, copyright, youth and sports. Chief of this section (Ha) has shown very ambiguous attitude toward this matter perhaps resulting from apathetic attitude of the elected mayor. The mayor has shown not much interest in Hahoe heritage conservation issue, according to the community.

In the meantime, there have been several media reports criticizing the current village situation surrounding the increasing food stall and souvenir shop in the village. There were some reports that the village is not worth paying the entrance fee (US$ 1.00) for there are not enough amenity or heritage sites to warrant it.

Community

Mr. Ryoo Yung Ha, then President of Hahoe Village Conservation Association, the community organization, have attended the Bhaktapur workshop in April 2000. But soon after, the community organization saw change of the president in May 2000. It was later known that there was not enough communication and hand over of matters relating to the meeting and results. The new community leaders were neither in knowledge or actively lobbied for action plan to be implemented.

4. Other Actions and Plans Being Undertaken

4-1. In the year 2001, the Andong City has launched or launching the following projects that directly or indirectly affects Hahoe Village.

1) Hahoe Tourist Area Plan

Andong City has appropriated with national government subsidy

2.8 billion Won for creation of tourist facility including shops, restaurant and amenity for tourists in an area of 180,000 sq/m just outside of the village buffer zone. The Municipality is urging community to relocate food stalls and shops in the new tourist zone, but community is reluctant to accommodate the plan.

2) Hahoe Identity Design Project

In March 2001, The Municipal authority assigned an architect to design Hahoe CI programs, architectural repair and restoration along with a report to be submitted in December 2001.

3) North Kyungsang Province Confucian Culture Development Plan

In commemoration of a Confucian scholar (Toegye 150? ~160?), the Provincial government and Andong municipality is organizing a "World Confucian Cultural Festival" from October 5 – 31 in and around Andong. This festival is a part of North Kyungsang Province Confucian Cultural Zone Development Project (2000-200?) promoted by national and provincial government at the cost of Won—— (US Dollar————). Highlight of the festival will be:

Opening ceremony and parade

Scholarly symposium on Confucian culture

Performances by Korean and Chinese art group

Various Confucian ceremony

A number of Confucian ceremonies will be held. Since Hahoe village is an important part of Andong's Confucian cultural heritage, the village is a venue of Confucian ceremony. The village's (now defunct) "Sunyu Julbul Nori"folk festival will be staged at the original site (village and Buyongdae across Naktong river).

4-2. Community

The new leadership in the Association has drawn up a petition (Hahoe under peril) together with a proposal for funding of study to revitalize the village to national and provincial authorities.

In this petition and proposal, the Association insists that living culture have either vanished or being lost and measures must be taken soon. In order to carry out the proposed plan, according to the proposal, funding of 12 billion Won (USD10million), most of which are to be spent on expanding tourism and village infrastructure.

In order to better present the proposal to the authority concerned, the community has requested the provincial government, for funding of feasibility study by academic professionals in including this writer.

The community agrees that the former school site (which is now abandoned and in possession of the municipal authority), could well be used for exhibition center.

Ⅱ. Analysis and Suggestions

Analysis

1. Hahoe's participation at the UNESCO Cultural Heritage Management and Tourism in Bhaktapur was promoted by the Korean National Commission for UNESCO, without full understanding and active participation of Andong City Authority. Neither UNESCO model for cooperation among the stakeholders is not fully understood nor action plan found to be attractive or practical in application.

2. In a highly Confucian tradition nation, the government (and also local autonomous government) is highly patriarchal. All the important decision and funding would come from the national

government (in this field from Cultural Property Administration). Community's voice is not fully heard. Politicians have bigger voice and lobbying power in appropriating fund or project. In Hahoe, what is lacking is not much the fund but concerted conservation plan.

3. Increasing media influence can be felt. Occasional criticisms on the village's current situation-.i.e. maintenance of cultural property or disorderly expansion of unlicensed service- invited weary reaction among national and city officials.

4. Designation of cultural property and nomination of cultural heritage for inscription as WCH would have to be made by national government agency: In the Cultural Property Administration, the Cultural Property Committee(CPC) normally makes a decision upon deliberation officially. Members of the CPC are scholars and professionals mostly archeologist and art historian. They also react to media coverage.

5. Korean law on the protection of cultural property provides individual and single designation of structure or object. While the fundamental principle of the protection of cultural property is to maintain and conserve authenticity, it has yet to be fully theorized in practical application. For example, reconstruction of palace buildings in original look and shape (which is not for conservation but for tourism and education) is considered authentic while, in Hahoe, insisting on conversion to thatched roof which was originally thatched house (but which was converted to non-classic tile roofs during the 1970's at the government policy) .

6. Since there are no theory or concept that a historic building or settlement is built on time, it could cumulate periodic look and shape.

7. Hahoe's heritage is designated individually for certain historic building and the same time the whole village is designated as

Folklore Material #122 under the Cultural Property Protection Law. Any alteration or rebuild or new build is subject of approval. Here, because the authenticity principle is applied, it is not possible to alter original look and structure.

8. Heritage authority is mainly concerned with protection of physical structure and, in intangible heritage, an individual art of making or performing certain craft or performance. Hahoe mask dance, which has originated from the village, is now completely separated from the villagers and being preserved by outside professionals. Unless designated as intangible heritage by law, it is not the object for protection.

9. Hence depopulation and eventual loss of living heritage does not come to the attention of the heritage authority.

10. There are certain visible differences in stakeholders. National government is authoritave if not arrogant. Local authority pays keen attention to the national government. It is customary for local authority to lobby the national government to allocate more resources for their region. The community is divided among well off families with proud history in their ancestry and lesser families. It is desired that consensus should be found among the members of community.

Suggestions

This team feels it is urgent to introduce harmonizing concept on conservation of living heritage. Drafting a recommendation to be sent the government of Korea could do it.

We would further propose that a recommendation be sent to proper international sources for funding of study in order that an international comparative study program could be developed.

1) Recommendation should include: Study on living heritage

villageits physical environment and community under pressure of depopulation, industrialization and change of mode of life.
2) Issue of peace and privacy for the inhabitants in conservation communities.
3) Issue of authenticity and time (in connection with change of mode of living)

2. 세계유산협약 운영지침*
(등재기준 부문발췌)

C. 문화유산의 세계유산목록 등재기준

23. 세계유산목록 등재기준의 각 항목은 항목 상호관계 속에서 보아야 하며 아래에 적은 협약 제1항의 정의의 맥락 속에서 고려되어야 한다.

기념물 : 역사, 예술 및 과학의 관점에서 탁월한 세계적 가치를 지닌 건축, 기념물적인 조각 및 회화작품, 고고학적 성격을 띤 구성부분 및 건조물, 명문, 동굴주거 및 이러한 요소의 종합물

건축군 : 건축술, 동질성 또는 주변경관과의 관계 때문에 역사, 예술, 과학의 관점에서 탁월한 세계적 가치를 지니게 되는 일군의 독립된 혹은 연결된 건축물

유 적 : 역사적, 미적, 민족학적 또는 인류학적 관점에서 보아 탁월한 세계적 가치를 지닌 인공 또는 인공과 자연의 결합의 소산 및 고고학 유적을 포함한 지역

24. 위항의 정의에 따른 기념물, 건물군 또는 유적의 세계유산목록 등재신청이 제출되면 위원회는 그 유산이 다음 기준의 하나 또는 그 이상을 만족시키고 진위여부검증에 합격하면 협약의 정신에 부합하는 탁월한 세계적 가치를 지니는 유산으로 생각

---

* 유네스코한국위원회 홈페이지에서 발췌.

한다. 따라서 체약국이 등재신청한 유산은

(a) (ⅰ) 인간의 창조적 능력에 의한 대표적 걸작이거나

(ⅱ) 일정시대에 건축술·기술·기념물적 예술, 도시계획이나 조경술의 발달에 대한 인간가치의 중요한 교류를 나타내거나

(ⅲ) 현존하거나 소멸된 문명에 대해 독특하거나 적어도 예외적인 증명이 되거나

(ⅳ) 중요한 역사단계를 밝히는 양식의 건물이나 건축군 또는 조경의 훌륭한 예이거나

(ⅴ) 하나 이상의 문화를 대표하며, 돌이킬 수 없는 변화의 충격으로 손실을 입을 염려가 생긴 전통적 촌락의 훌륭한 예이거나

(ⅵ) 현저한 세계적 의의를 지닌 사건, 생활습관, 사상, 신앙, 예술적·문화적 업적 등과 직접적으로나 실제적으로 연관된 것이어야 한다.(위원회는 이 항목은 매우 예외적인 경우이거나 문화유산 또는 자연유산에 대한 기준의 다른 항목과 관련하여 적용되어야 한다고 생각한다.)

또한 등재신청유산은

(b) (ⅰ) 디자인, 재료, 솜씨 또는 위치(환경, 배경)와 문화적 경관의 경우에는 특색 있는 성격과 구성요소의 진위여부 검증에 합격하여야 하며(위원회는 진품에 관한 완전하고도 상세한 문서자료에 기초한 복구의 경우에만 인정하고, 추측에 의하여 복구된 것은 인정하지 않는다는 점을 강조한다)

(ⅱ) 신청한 문화유산 또는 문화적 경관의 보존을 확실히 할 적절한 법적 또는 계약적 또는 전통적 보호와 관리체계를 가지고 있어야 하며 국가, 도, 시 수준의 보호법령이나 확립된 계약적, 전통적 보호와 적절한 관리 및 통제계획체계는 필수

적인 것이며 또한 등재신청서에 명백히 언급되어야 한다. 또한 이러한 법이나 계약적, 전통적 보호와 관리체계가 효율적으로 수행된다는 보증도 해 주길 기대한다. 뿐만 아니라, 문화유적의 원형을 보존하기 위하여 특히 많은 관광객에 개방된 유적의 경우 체약국은 유적의 관리, 보존 및 대중개방 등을 다룰 적절한 행정적 장치에 대한 증거를 제시할 수 있어야 한다.

25. 동산유산이 될 공산이 큰 부동산유산은 고려대상이 아니다.

26. 도시건축과 관련하여 위원회는 그들의 세계유산목록 등재와 관련하여 다음 지침을 채택하였다.

27. 세계유산목록에 등재될 가치가 있는 도시건축물들은 다음 세 가지 주요범주 중 하나에 드는 것이어야 한다.

 (i) 지금은 주민이 없으니 과거의 고고학직 증거를 변함없이 보여주는 작은 도시 : 이러한 읍은 일반적으로 진위여부에 관한 기준항목은 만족시키며 보존도 비교적 쉽게 할 수 있다.

 (ii) 주민이 있는 역사적 읍으로, 사람이 살고 있기 때문에 발전히었고 앞으로도 사회경제적 그리고 문화석 변화의 영향으로 계속 발전할 작은 도시. 이러한 도시의 유산으로서의 가치를 평가하는 것은 어려우며 보존정책에도 문제가 있게 된다.

 (iii) 역설적이지만 위의 두 범주와 공통점을 가지고 있는 20세기의 소도시 : 이러한 소도시는 원래의 도시구조와 진위여부를 분명히 알 수 있지만 그 발전을 제어할 수 없기 때문에 장래가 불투명하다.

28. 주민이 없는 작은 도시의 평가에는 고고학적 유적평가 때의 어려움 말고는 다른 어려움이 없다. 독특성과 모범적인 성격을 요구하는 기준항목 때문에 건축양식의 순수성, 다수의 기

념비들, 중요한 역사적 회합과 관련이 있는 일군의 건축물을 선정한다. 도시 내의 고고학적 유적은 통합단위(integral unit)로 기재되어야 한다. 몇 개의 기념비나 몇 채의 건물만을 가지고 사라진 도시의 수많은 그리고 복잡한 기능을 이야기하는 것은 적절하지 않다. 그러한 도시의 유물은 가능한 자연환경과 함께 전체로서 보존되어야 한다.

29. 주민이 있는 역사적 소도시의 경우에(공업화시대가 시작된 이후 심각한 손상을 입은 경우가 많은)는 도시구조(urban fabric)의 취약성과 도시주변이 걷잡을 수 없는 속도로 도시화되고 있다는 두 가지 이유 때문에 평가에 큰 어려움이 따른다. 작은 도시를 세계유산목록에 등재하기 위하여서는, 그 도시의 과거의 역할에 대한 지적인식이나 위의 24조에 명시된 문화유산 기준만을 고려한 것이 아니라, 그 도시의 유물이 건축학(사)적 관심(가치)을 강력히 불러 일으켜야 한다. 한 도시가 세계유산 목록에 등재되기 위하여서는, 일군의 건축물의 공간배치, 구조, 재료 형태 그리고 가능하면 기능이 그 도시의 등재신청의 계기가 된 과거문명(변수일 수 있음)을 본질적으로 반영하고 있어야 한다. 네 가지 범주가 있을 수 있다.

   (ⅰ) 특정 시대나 문화의 전문적 소도시로서 거의 완전하게 보존되었으며 그 후의 발전에 대체로 영향을 받지 않은 소도시. 이 때 등재대상은 주변을 포함한 전 도시전체이며, 그 주변도 역시 보호되어야 한다.

   (ⅱ) 특징적인 윤곽에 따라 발전한 소도시로서, 때로는 특이한 자연환경 속에서 그 도시의 여러 역사적 단계의 전형적인 공간배치와 구조를 보존하고 있는 소도시. 이 경우 그 도시의 분명한 역사적 구역이 현대적 환경이 있는 구역보다 우선한다.

   (ⅲ) 현대도시 안에 있는 고대 소도시 전체가 "역사적 구역"인

경우. 그 구역이 가장 컸을 때의 경계로 이 "역사적 구역"
의 경계로 삼으며 그 구역주변을 정하는 적절한 규정을 만
드는 것이 필요하다.

(iv) 현재 남아 있는 상태로도 이미 사라진 역사적 소도시의 특
성을 보이는 일관된 증거를 제시하는 (도시의) 구역, 지역
또는 독립된 건축군. 이 경우, 현재 남아 있는 구역이나 건
축들은 원래의 모습을 충분히 입증하는 것이어야 한다.

30. 역사적 구역과 역사적 지역은 그 안에 매우 깊은 관심을 불러
일으키는 소도시의 특징을 직접 나타내는 기념비적 중요성을
지닌 많은 옛 건축물이 있을 때에만 세계유산목록에 등재한다.
도시구조(urban fabric)를 가지고 있다는 것을 이미 알아 볼 수
없게 된 소도시를 대표한다고 하는 몇 개의 독립적이고 연관
성이 없는 건축물의 세계유신목록 등재신청은 바람직스럽지
않다.

31. 그러나 제한된 공간을 점유하고 있으나 도시계획의 역사에 중
요한 영향을 끼친 문화유산의 등재신청은 할 수 있다. 이러한
경우에는 그 문화유산을 기념물로 등재 신청하여야 하며 소도
시는 단지 그 기념물의 소재지로 부수적으로 보편적가치가 분
명한 어떤 건축물이 매우 퇴락하였거나 대표적이 못 되는 도
시환경 속에 서 있다면 세계유산목록에 그 소도시에 대하여
아무 언급을 하지 않아야 한다.

32. 20세기의 소도시를 평가한다는 것은 어려운 일이다. 앞으로 역
사만이 어느 20세기 소도시가 현대도시계획의 가장 훌륭한 예
가 될 것인지를 말하여 줄 것이다. 따라서, 특수한 상황이 아
니면, 20세기 소도시의 등재신청에 대한 검토는 뒤로 미루어야
한다.

33. 현재의 조건하에서는, 도시전체의 세계유산목록 등재여부를 결
정할 만족할 만한 기초가 될 완전한 정보와 문서화된 자료를

제공하기가 매우 어려운 대도시보다 앞으로의 발전을 잘 다룰 수 있는 입장에 있는 소 내지 중정도 크기의 도시내 지역 (urban area)을 세계유산목록에 등재하는 것을 선호한다.

34. 소도시 전체가 목록에 등재되었을 때 그 소도시의 장래에 미칠 영향에 비추어 볼 때, 한 소도시 전체를 등재하는 것은 여간한 경우가 아니면 피하는 것이 낫다. 세계유산목록에 등재된다는 것은 이미 건축물과 그 주변의 보존을 위한 입법적, 행정적 조처가 취하여졌다는 것을 뜻한다. 이 점에 관하여 주민들이 확실히 알고 있어야만 하는 바, 그 이유는 그들의 적극적인 참여 없이는 어떠한 보존계획도 무의미한 것이 되기 때문이다.

35. 문화적 경관에 대하여 위원회는 세계유산등록에 등재되기 위해서 다음의 기준을 채택했다.

36. 문화적 경관은 협약 1조에서 말하는 "자연과 인공의 결합의 소산"을 의미한다.

    문화적 경관은 물리적 제약 및 자연환경에 의해 부여된 기회(외부적 영향)와 연속적인 사회·경제·문화적 힘(내부적 영향)에 의해 형성된 인간사회와 주거의 오랜발전의 실례이다. 문화적 경관은 그들의 현저한 세계적 가치와 한정된 지리적 문화권역에서 당해지역의 본질적이고 특색 있는 문화적 요소를 잘 보여주는 대표성의 2가지 기준에서 선정되어야 한다.

37. "문화적 경관"이란 용어는 인간과 자연환경의 상호작용이 다양하게 나타난 것을 포함한다.

38. 문화적 경관은 종종 자연과의 정신적 유대와 자연환경의 특성 및 한계에 관하여 지속적인 토지 사용의 특별한 기술을 반영한다. 문화경관의 보호는 지속적으로 토지를 사용하기 위한 현대기술에 기여하고 경관의 자연적 가치를 유지·고양할 수 있다. 전통적 양식의 토지사용의 존재는 세계 많은 지역의 생

물학적 다양성을 보존한다. 따라서 전통 문화경관의 보호는
생물 다양성 유지에 유용하다.

39. 문화경관은 세 주요 범주로 나뉜다.

　(i) 인간에 의해 의도적으로 창조·설계된 경관. 이는 종교적·다른 기념적 건물과 어우러져 심미적 이유로 축조된 정원과 공원을 포함한다.

　(ii) 두 번째 범주는 구조적으로 진화된 경관. 이는 사회적·경제적·관리적·종교적 필요로 발달해서 자연환경에 대응해서 현재의 형태로 발전했다. 그런 경관은 형태와 구성요소 특성의 진화과정을 반영한다. 이는 다음 두 하위범주로 구분된다.

　　- 과거 어떤 시기에 - 갑자기 든 일정 시기든 - 끝난 진화과정이 나타나는 유물(또는 화석) 경관. 그런데 그의 중요한 특성은 재료유형에 나타난다.

　　- 현대사회의 사회적 역할이 전통생활 양식과 밀접히 관련되고 진화과정에 여전히 진행 중인 경관. 동시에 그것은 오랜 진화의 중요한 물적 증거를 나타낸다.

　(iii) 마지막 범주는 합동 문화 경관이다. 그런 경관의 세계유산목록의 등재는 중요하지 않거나 없을 수도 있는 물적 문화적 증거에 의해서보다는 자연요소의 강력한 종교적·예술적·문화적 연합의 가치에 의해 정당화된다.

40. 세계유산목록에 등재할 문화경관의 범위는 기능성과 명료성에 관련된다. 어떤 경우든 선정된 표본은 그것이 나타내는 문화경관 전체를 대표하기에 충분히 광범위해야 한다. 문화적으로 중요한 운송수단과 통신체계를 대표하는 긴 지역을 설계하는 가능성이 포함되어야 한다.

41. 21조(b)(ii)에 있는 보존과 관리의 일반기준은 문화경관에도 똑같이 적용될 수 있다. 문화적·자연적인 경관에 나타나는 광

범위한 가치에 관심을 가지는 것이 중요하다. 등재는 지역사
회의 완전 승인에 따라 준비되어야 한다.

42. 위 24조의 기준에 기초하여 세계유산목록에 등재된 '문화경관'
범주의 존재는 문화적·자연적 두 기준에 관련하여 예외적으로
중요한 유적의 가능성을 제외하지 않는다. 그런 경우에 그들
의 탁월한 세계적 중요성은 두 기준하에 정당화되어야 한다.

3. 일본 시라카와고 건조물 보존계획 및 관련조례

I. 보존계획

1. 보존지구의 보존에 관한 기본계획 (생략)

2. 보존지구 내의 전통적 건조물 및 환경물의 결정

(1) 전통적 건조물 　별표-1

(2) 환경물건 - 별표-2

3. 보존지구 내의 건조물 및 그 밖의 물건보존정비계획

전통적 건조물은 현재의 구조 및 지붕, 외관의 유지를 목적으로 우리를 시행한나. 후세의 개조나 수리로 전통적 건조물의 가치를 손상하고 있는 물건에 대하여는 복원 수리를 기본으로 하지만, 개별적인 경위나 사정을 존중한다. 복원은 과학적인 조사를 근거로 한다.

(1) 환경물건의 수경과 복구

환경 물건은 현상유지를 원칙으로 하나 현상이 역사적 풍치를 훼손하는 상태의 물건은 과학적 근거로 하여 수경(修景), 복구, 정비한다.

(2) 전통적 건조물 이외의 건조물의 수경

전통적 건조물 이외의 건조물로서 현상이 역사적 풍치를 훼손하는 상태의 것은 주위의 경관과 조화시킬 목적으로 수경작업을 실시한다.

(3) 건조물의 이전, 제거, 신축, 증축, 개축

전통적 건조물의 이전, 제거, 증축, 개축 및 전통적 건조물 이외의 건조물의 신축, 증축에 대해서는 본 조 (1)~(3)에 규정하는 수리, 복원, 수경, 복구, 정비에 의하지 않는 것은 시행하지 않음을 원칙으로 하나, 특별한 사정으로 허가한 경우에는 규모, 재료, 지붕양식, 집의 높이, 색채 등을 주위의 환경과 조화시킨다.

(4) 도로, 수로 등의 정비와 복구

도로, 수로 등의 위치 및 폭원은 현상 유지를 원칙으로 하지만 현상이 역사적 풍치를 손상시키는 상태의 것은 과학적 조사를 근거로 하여 수경, 복구, 정비한다.

(5) 기타

안테나류, 가스전 등의 옥외설비류, 옥외간판, 표지 등으로서 역사적 풍치를 손상시키는 형태의 것은 수경 정비한다.

4. 보존지구 건조물 등의 보존 및 보존활동에 관련된 지원

(1) 촌은 전조의 보존정비계획에 근거하여 시행하는 사업에 대하여 별도의 정하는 보존지구 사업보조 교부요강에 의하여 필요한 지언을 할 수 있다.

(2) 촌은 별도로 정하는 보존기금조례 및 시행규칙에 의거하여 보존지구의 보존을 위한 수리, 수경사업 및 보존추진활동에 대하

여 필요한 지원을 할 수 있다.

5. 보존지구의 관리 및 보존을 위한 시설, 설비 내지 환경 정비계획

(1) 관리제도

보존조례 및 보존계획에 근거한 보존지구의 관리는 촌 교육위원회 및 촌 당국 담당부서가 시행하나, 일상의 유지관리는 각 소유자 및 상조조직인 "구미- 組" 또는 시라카와고 자연환경 지킴이 회가 담당한다. 또 촌은 이 회가 제정한 주민헌장을 존중하고 이 회 보존을 위한 활동을 지원 보조한다.

(2) 관리시설 등

전통적 건조물 중 보존을 위해 필요하다면 매입하거나 임차하여 보존지구의 역사적 가치를 홍보하고 공유하기 위해 일반에 공개하는 등 적극적인 활용에 힘쓴다. 지구 내에는 보존지구를 나타내는 표지, 설명판, 안내판 등 필요한 설비를 설치한다. 이런 설비의 설치에 있어서는 억사석 풍치를 손상시키지 않도록 배려해야 한다.

(3) 방재시설과 방재활동

(4) 전주 등의 정비

(5) 하수도의 정비

(6) 주차장 등

(7) 보존지구 이외의 택지정비

보존지구 내 주민의 주택 신축, 증축, 개축의 요구에 대처하기 위하여 보존지구 밖에 택지를 조성하여 제공한다. 택지의 조성에 있어서는 보존지구의 역사적 풍치와 경관을 손상하지 않도록 배려한다.

6. 보존지구의 보존에 관련된 기타 방침

(1) 전통적 관습 및 전통적 기술의 보존과 계승

전통적 건조물군과 그 역사적 환경을 참으로 활력 있게 보존하기 위해서는 예부터 전해 내려오는 생활양식과 상호부조 등의 사회제도, 계절의 행사, 집 가꾸기와 같은 전통적 기술의 보존과 계승이 긴요하다. 다행이 보존지구에는 현재에도 이러한 전통적 관습과 기술이 전승되어 왔고 생산되어 왔으며, 생산도구도 보존되어 있기 때문에 향후 이의 보존과 계승을 적극적으로 추진한다.

(2) 전통적 건조물 보존을 위한 자재확보

맏배지붕을 한 가옥을 적절하게 보존하기 위해서는 지붕 및 볏짚(억새 짚) 새로 잇기를 정기적으로 시행하지 않으면 안 된다. 지붕 새로 잇기를 위해서는 대량의 억새 외에 다른 재료가 불가결하다. 또 전통건조물의 유지관리를 위해서는 목재가 대량 필요하다. 이런 자재는 예부터 보존지구의 주변 산과 들에서 채취하여 왔다. 금후에도 이 자재의 확보를 위해 풀밭과 산림의 적절한 유지관리에 힘쓴다.

(3) 보존지구의 주변경관의 보존

보존지구는 산림과 경작지로 아름다운 경관으로 둘러싸여 있다. 이것은 풍부한 자연경관과 공생을 원하는 인간의 노력의 결과이므로 보존지구의 환경과 경관의 보존은 매우 중요하다. 따라서 별도로 정하는 자연환경 확보에 관한 조례를 통하여 보존지구

의 주변에 지역을 정하여 자연환경과 문화적 환경의 보존을 도모
한다.

Ⅱ. 보존기준

1. 건축물은 보존지구에 조화되는 형태, 재료, 색채를 사용한다.

2. 전통적 건조물로 지정된 건축물의 보존수리기준

건축물의 외관은 원칙적으로 현상유지 또는 복원 수리하고, 도
로에서 통상 보이는 내부도 같은 모양으로 한다.

3. 전통적 건조물 이외의 건축물의 외관 수경기준

전통적 건조물 이외의 건축물이란 지정 건축물 이외의 건축물
을 말한다.

건물 신축 시 외관은 맏배형식으로 하고 지붕과 벽의 모양은
전통적 양식으로 하되, 지붕재료는 보존기준이 정한 금속판 또는
일본 기와로 기준이 정하는 색채로 칠한다.

4. 일본 역사적 마을경관·취락 보존헌장

-2000년 채택(텍스트 번역은 필자)

【전문】

역사적 마을경관·취락을 사랑하는 우리는, 이것이 다음세대에 올바르게 계승되기를 기원하며, '역사적 마을경관 및 취락보존 헌장'을 선언한다. 이 헌장에서 '역사적 마을경관'이란, 전통적인 건축물이 늘어서 있는 마을경관뿐 아니라, 그런 건축물이 산재해 있는 취락과 그 주변 환경까지 포함한 것을 가리킨다.

역사적 마을경관을 보존하는 것은 지역 고유의 역사와 문화를 존중하며 지켜나가는 것이며, 일본의 역사와 문화를 함양시키는 것이기도 하다. 이것은, 역사적 마을경관이 모든 이의 문화유산이며, 따라서 모든 사람들이 그 존속에 책임이 있음을 시사한다.

일본에서의 역사적 마을경관의 보존은 자연과 역사적 환경이 광범위하게 파괴된 시기에 역사적인 축적이 있는 지방도시에서 시작되어, 교토京都와 츠마고고妻籠에서 본격화되던 것이 급속히 각지의 주민·시민운동을 통해 확대되었다. 1975년에는 문화재보호법이 개정되어, 전통적 건조물군 보존지구가 제정되었다.

전국 마을경관 보존연맹은 역사적 마을경관 보존을 추진하려는 각지의 주민운동의 연락과 협력조직으로서, 1974년에 발족하여 1978년부터 전국 마을경관 세미나를 매년 개최하고 있다. 연맹은 마을조성을 위한 방법과 이념으로서 역사적 마을경관 보존이 효과적이라는 점을 지적하고, 각지에서 주민이 주체가 되는 활동과 시민운동을 지원해왔다.

우리는 일본헌법이 인정하는 기본적 인권에, 사람이 풍요롭고 쾌적한 환경에서 살 권리가 포함되어 있으며, 역사적 마을경관은 그러한 환경의 중요한 구성요소라고 생각한다. 도시계획, 지역계획의 수립에 있어서는 역사적 유산의 가치를 인정하며, 지역의 역사적 맥락을 중시하기를 요구하는 바이다.

오늘날 역사적 마을경관 보존에 관한 다양한 사업이 전개되고 있다. 역사적 마을경관이 가진 가치가 이전보다 널리 인식되었다고는 하나, 각지에서 귀중한 마을경관이 소멸될 우려는 여전히 존재한다. 우리는 역사적 유산을 간직하고 있는 지역에서의 역사와 문화의 재발견, 애착과 자부심에 넘치는 마을조성을 추진하기 위하여, 이 헌장을 작성하였다. 우리는 여기에 언급된 마을경관 보존의 이념과 원칙이 사람들에게 널리 공유되며, 각지의 개성을 살린 마을조성에 기여할 수 있기를 진심으로 기원한다.

1. 역사적 마을경관의 정의

역사적 마을경관은 주거의 집합과 주위의 인공적·자연적인 환경으로 구성된 지역의 주거공간 및 그 안에서 주민이 생활과 생업을 해나가는 것 전부를 의미하는 말이다. 현대 일본의 생활환경이 도시화·균등화되는 가운데, 역사적 마을경관은 일본고유의 생활의 역사를 입증하는 것이며, 동시에 과거와 미래를 잇는 가교로서 그 의미가 점차 더 중요해지고 있다.

일찍이 지역공동체가 충분히 활력을 가지고, 지역에 사는 사람들이 가치관을 공유하며 마을경관의 유지에 자부심과 책임, 의무를 가지고 있던 시대의 특성을 계승한 것이, 현재의 역사적 마을경관이다. 역사적 마을경관은 그런 종합적인 가치의 체계라고 간주할 수 있다.

2. 역사적 마을경관의 구성요소

주거와 그 주변 환경, 그 안에서 전개되는 생활, 이러한 요소는 서로 뗄 수 없는 불가분의 존재로 볼 수 있다.

역사적 마을경관을 구성하는 물적 요소는 주거와 여러 건물·구조물뿐 아니라, 경작지, 삼림과 식생, 산, 강, 호수, 해변 등의 지형이다. 이것은 원근의 경관을 형성할 뿐 아니라, 주민이 생활과 생업을 영위하는 무대이기도 하다. 주거를 비롯한 인공적인 구조물과 그 주변에 펼쳐지는 자연경관의 조화가 역사적 마을경관이 가진 매력의 원천이다.

3. 역사적 마을경관의 보존

역사적 마을경관의 보존을 도모하는 것은, 물적 대상으로서의 주거의 집합과 주변경관을 간직하는 데 그치는 것이 아니다. 그것은 주민의 생활, 주거, 주변 환경 그리고 이들의 상호관계의 재구축을 모색하는 것이다. 모든 것이 빠른 속도로 변화해 가는 현대문명 속에서 과거의 모습을 그대로 보존하는 것은 매우 어려운 일이다. 우리는 역사적 유산을 소중히 지키며, 유산에 내재된 지역 고유의 가치체계를 발견하여, 그것을 다음 세대에게 잘 전달하기 위한 노력을 계속해 나갈 것이다.

4. 일본의 전통적인 주거와 그 집합의 특성

물적 대상으로서 일본의 전통적 주거와 그 집합은 총체적으로 다음과 같은 특성을 가진다.

a. 목조 기둥, 대들보로 된 축조(軸組)구조를 기본으로 하고 있으며, 구조물로서의 벽이라는 개념은 없다. 기후조건에 맞도록 개구부(開口部)를 넓게 하여 통풍과 최소한의 일조량을 확보하기 위해 노력해 왔다.

b. 소위 작업 주거병용주택(職住倂用住宅)으로서 일층 면적의 반 정도를 차지하는 土間(토방), 또는 정원의 일부, 도로에 접한 방 등은 가업(가내)노동과 가사노동을 위한 공간으로 볼 수 있다.

c. 다다미나 마루를 깐 내부공간은 간단한 칸막이로 구분된 여러 개의 방으로 연속되어 있으며, 입구와의 관련과 간단한 설비의 존재로 인해 밖에서 안으로 이르는 방향성이 있다. 내부구조는 그 기능도 중요하지만 그보다 의례와 인간관계에 입각한 질서의 표현과 관계가 있다.

d. 이런 주거는 거의 동일한 환경 조건에 있으며, 그것이 주거의 양식에 균질성을 가져온다. 이런 특징을 가진 주거가 도로를 따라 계속되는 등, 일정한 법칙에 따라 집합함으로써 역사적 마을경관과 취락이 형성되었다.

5. 역사적 마을경관의 형성과정과 특성

역사적 마을경관에서는 촌과 취락이 생겨난 시점에서 지형과 자연조건을 잘 파악하여 영역을 정하고 도로망, 수로, 부지의 비율을 설정하였다. 건물과 도로와의 관계, 부지·건물의 대소의 분포에는 질서가 있다. 도로의 위치와 부지의 비율 등은 오늘날까지 이어지고 있으며, 해자나 수로의 위치는, 형상과 외견이 변해도 옛 위치를 유지하거나, 기능이 살아 있는 경우가 많다. 즉, 역사적 마을경관은 마을의 골격을 이루는 중요한 요소를 유지함으로써 마을의 형성과정을 말해주고 있는 것이다. 이런 전통적인 건물군과 토목 구조물은 지역적인 각종 유산과 함께 촌·취락 형성의 역사를 보여주는 물적 증거이며, 마을조성의 핵심이 된다.

6. 유지보전의 중요성

가혹한 재해를 초래하는 지형과 지반, 고온 다습한 기후, 주로 식물질의 재료에 의존할 수밖에 없었던 건축의 구조. 이러한 조건 때문에 일본의 전통적인 주거의 수명은 길다고는 할 수 없다. 그럼에도 불구하고 지역성 풍부한 역사적 마을경관을 형성해온 것은, 끊임없는 유지보전을 위한 노력, 노후화 된 재료는 새로운 재료로 바꾸는 기술의 전승 등을 포함하여, 계속되어온 생활의 결과이다. 또, 지역에서 공유된 기술과 관습, 가치관이 일상생활과 연중행사에 담겨 있으며, 이것이 역사적 마을경관의 유지에 적지 않은 역할을 하였다. 역사적 마을경관 보존에 있어, 건물과 환경의 유지보전이 중요하다는 점이 인식되어야 한다.

7. 사람이 계속 거주하는 마을경관

역사적 마을경관의 보존이 기념건조물보존과 다른 점은 보존의 대상이 기념건조물과 같이 어떤 범위 내의 내적 요소로 특정되지 않을뿐더러, 건축과 관계되는 전통적인 기술을 계승하거나 일정한 규범을 가지고 살아가는 것이 원형의 보존에 이어지는 중요한 행위로 간주되기 때문이다. 다시 말하면, 물적 대상인 전통적인 주거와 구조물의 보존은 역사적 마을경관 보존의 중요한 요소이기는 하지만, 그것만으로 완결되는 것은 아니다. 그곳에 사람이 계속 살며 활기찬 생활이 전개되어 전통이 새로운 생명을 창출해 낼 때 비로소 역사적 마을경관의 보존이라 할 수 있다.

8. 변화에 대한 대응

역사적 마을경관의 보존은 문화유산의 보존에 있어 국제적인 기준이 되는 진실성(의장, 재료, 기술, 환경, 전통, 기능 등의 요소로 이뤄지는 실물로서의 가치), 즉 진정성(authenticity)을 존중하는 것과 양립된다. 역사적 마을경관에 주거하는 것은 진실성의 의미와 내용을 항상 생활 속에서 추구하는 것이며, 전통에 활기를 불어넣기 위한 필요조건이기도 하다.

생활과 생업이 계속되는 한 변화는 피해갈 수 없다. 역사적 마을경관이 가진 진실성을 존중하며 변화를 수용하는 것은 지역이 총력을 기울여 대응해야 할 도전이다. 그 변화는 어쩔 수 없는 재료의 교체, 새로운 기능의 추가, 과거의 조형과 공간의 재이용, 압도적인 이문화의 영향 등의 형태로 나타난다. 이러한 변화가 전통에 파괴적인 타격을 주지 않도록 역사적인 가치의 발견과 확인이 항상 이루어져야 한다.

9. 주민주체의 마을조성

역사적 마을경관을 보존하는 주체는 그 지역의 주민이며, 지역사회이다. 왜냐하면 현재 남아있는 역사적 마을경관은 해당지역 주민의 선조가 생활해온 기록이며, 노력의 결정이기 때문이다. 주민이 지역에 남아 있는 역사와 무형의 예능, 신앙, 제례를 포함한 문화적 독자성을 자각하고, 계승하며, 부각시키는 것이 앞으로의 지역발전에 기초가 된다.

각지의 역사적 마을경관 보존헌장은 지역사회의 합의형식으로 이루어져 지금까지 중요한 역할을 해왔다. 문화적인 독자성을 반영한 마을경관 보존의 이념·원칙·목표를 지역의 주민이 헌장이나 규범으로 명문화하여 일상의 보존활동에 살리는 행위는 그 공동 작업의 과정자체를 포함하여, 주민이 주체가 되는 마을조성에 효과적이다. 이 헌장이 앞으로 이를 위한 공통의 기초로서 각지에서 유용하게 활용되기를 기대한다.

장기적인 전망을 가지고 작성된 보존계획에서는 지역이 강화시키고 계승해야 할 특성, 허용할 수 있는 변경의 정도, 그것을 지도하기 위한 구체적인 지침, 주거의 성능과 소방 형태 등을 주민이 자주적으로 대화를 통해 결정해야 한다.

10. 주민의 운동과 학습

역사적 마을경관 보존운동은 문화재 보존운동이었다가 점차 주민이 주체가 되어 문화를 재조명하는 운동으로 심화·확대되었다. 오늘날에는 21세기 환경운동의 하나로, 다양한 전개가 기대된다.

주민자신의 보존에 대한 이해와 자부심을 북돋기 위해 지속적인 환경학습이 필요하다. 특히, 세대교체 시기에 위기가 발생한다는 사실을 명기해야 한다. 역사적 마을경관 보존의 문제는 이념으로 확립된 것이 아니라, 지역규모로 확대된 환경문제 속에서 항상 그 의의를 부여하며, 주장을 거듭해가야 하는 심각한 과제의 하나이다. 또, 역사적 마을경관 문제가, 어린이를 대상으로 한 환경교육의 일부로서도 자리 잡을 수 있도록 노력해야 한다.

11. 행정, 학자·전문가의 의무와 협력

우리는 문화재 보호제도 이외의 역사적 마을경관 보호에 관한 정부와 지방자치체의 제도, 지원이 점차 풍부해지고 있는데 대해 환영하는 바이다. 주민이 추진하는 역사적 마을경관 보존을 기본으로 하는 마을조성에 대하여, 지방자치체가 행정적·재정적으로 지원하기를 바란다. 이 마을조성은 종합적인 성격을 띠며, 기존의 관례나, 수직적인 행정의 틀에 구애 받지 않는 지원이 필요하다.

학자·전문가에게는 역사적 마을경관의 조사와 평가를 통해 올바른 견해를 제공하며 주민의 상담에 응해주기를 바란다. 주민, 행정, 학자·전문가는 서로의 영역, 전문, 입장을 서로 이해하며 역사적 마을경관 보존이라는, 종합적이고 계속적인 활동을 같이 지원해 나가는 것이 중요하다.

역사적 마을경관 보존을 추진할 경우, 각종 직능단체, 역사적 유산의 보존을 목적으로 하는 단체에 의한 원조와 협력도 매우 중요하며, 특히 국제적인 시야를 가진 단체의 지원을 기대한다.

12. 방재

역사적 마을경관은 그 자체가 화재에 약한 목조건물의 밀집지대에 있는 경우가 많아, 하천의 증수, 산사태, 태풍, 지진 등의 자연재해에 의한 피해도 입는다. 화재에 대해서는 화재 완충지대의 설정, 수해에 대해서는 거주지의 선정 등, 예부터 어러 기지로 생활의 지혜가 전해지고 축적되어 왔다. 모든 재해와 위험에 대해, 역사적 유산의 피해를 최소한으로 억제하기 위한 대책을 마련해야 한다. 그리고 목조건물이 가진 구조상의 약점을 강화할 수 있는 수단의 강구와 보급을 기대한다. 그 때 선인들의 지혜로부터 배우는 것도 중요하다.

목조건물이 안고 있는 모든 문제에 대한 대책이 충분하지 않다는데 대해 우려하는 바이며, 역사적 마을경관으로부터 계승해야 할 특성을 존중하는 우수한 방재계획을 관계 자치체와 전문가가 신속히 수립하기를 바란다.

13. 지역경제의 활성화와 관광

역사적 유산을 접하고, 배우며, 감동하는 것은 많은 사람들이 공유할 수 있는 기쁨이다. 전통적인 지역산업을 기반으로 한 관광에 주력하여, 지역활성화를 촉구하는 사례가 증가하고 있다. 관광객과 주민이 그 상호 교류를 통해, 전통적인 문화를 발견하여 육성해나가는 것이, 역사적 마을경관에 있어서 관광의 새로운 모습이다. 적절한 수준 이상의 관광객을 수용하는 것은, 부분적이긴 하지만 역사적 마을경관을 지나치게 관광지화 할 수도 있다. 외부자본의 무질서한 진출과 관광객의 요구를 지나치게 의식하여 관광지화 되면, 이것이 역사적 마을경관의 상실이라는 문제를 야기할 수 있다. 또 주민생활을 위협하는 관광공해라는 사태에도 이를 수 있다. 우리는 역사적 마을경관 보존과 관광의 조화를 지향하며 바람직한 문화적 관광을 추구한다.

14. 전통적인 기술과 소재의 확보

역사적 마을경관은 전통적인 기술과 소재로 구성된 건물과 구조물로 이뤄져 있기 때문에 손상이나 변화에 취약하다. 지금까지의 문화재 관리를 통해 축적된 기법, 훈련된 장인(전문가)은 역사적 마을경관 보존과 일본의 문화유산 보존에 매우 귀중하다. 전통적인 건물의 보존에 지역의 특성을 나타내는 소재와 기술의 확보는 시급한 과제이다.

우리는 장인의 훈련·연수 등 기술 습득에 대한 지원을 할 것이다. 또한 우리는 일본의 전통적인 건물을 구성하는 소재의 확보와 인재 육성에 노력을 아끼지 않을 것이다.

15. 마을경관 보존 관련 건축가 및 학회와의 협력 요청

일본에서는 건축가가 주변 환경을 무시한 건물을 세워왔다는 지적이 있다. 건축가에게는 세우려는 건물의 주변에 대한 깊은 통찰이 요구된다. 최근 전통적인 건물의 특징을 평가, 활용하여 마을경관의 특성을 고려한 건물의 사례가 늘고 있다. 이러한 지역문화에 뿌리를 내린 건축가의 활동에 대해 우리는 환영하는 바이며, 그들과 연계해 나갈 것이다.

도시계획가에게는 지역의 역사가 단절되지 않도록 계획을 수립해야 할 의무가 있다.

주택공급을 주요 사업으로 하는 각종 기업에게 요구되는 자질은 역사적 마을경관의 특성을 존중해야 한다는 것이다.

역사적 마을경관 보존에 걸맞은 건물의 설계, 도시계획·지역계획에 대하여 관련되는 모든 학회·모든 단체에 대해 서로 협력하며 탐구해 나갈 것을 촉구한다.

16. 국제적 기준의 존중과 국제적 교류

각국의 역사적 마을경관 보존은 동시에 다른 여러 나라로부터 주목을 받는다. 세계유산에서 보면 알 수 있듯이 문화유산의 대부분은 한 나라의 차원을 넘어 인류 공통의 유산으로서의 성격을 가지고 있다. 문화유산의 보존에 대한 국제적인 원칙에는 베니스 헌장과 나라 다큐멘트(Nara Document) 등이 있으며, 역사적 마을경관 보존에 대해서도 워싱턴 헌장 선언 등이 있다. 우리는 이와 같은 국제적인 원칙을 존중한다.

우리는 일본이 보유한 풍요로우며 매력적인 역사적 마을경관을 세계인들이 향유할 수 있도록 노력할 것이다. 동시에 각국에서 역사적 유산을 보존하기 위해 노력하고 있는 주민·시민·전문가에 대해 경의를 표하며, 그러한 사람들과의 내실 있는 교류가 이루어지기를 희망한다. 다양한 가치관이 교차하는 국제사회에서 각국이 역사적 마을경관 보존을 서로 인정하며 감동을 공유하는 것은 우리의 바람이기도 하다.

17. 21세기에 거는 희망

21세기는 20세기의 전쟁·빈곤·민족차별과 같은 부정적인 유산을 극복하여 인류가 평등하고 윤택한 사회를 건설한다는 희망에 넘친 세기이다.

역사적 마을경관의 보존은 평화를 필요로 하며, 국가와 민족이 가진 가치관의 다양성을 부정하는 사고방식과 상반된다. 마을경관을 보존하고 다음 세대에 이어주는 것 자체가, 언어나 영상과 같은 매체를 통한 전달이 아닌 정보발신이 되리라 확신한다. 우리는 일본 국내뿐 아니라, 국제적 활동을 통해 서로 돕고 배움으로써 마을경관을 보존해나갈 것이다. 역사적 마을경관 보존은 주민 스스로 마을조성의 주체가 되어 보람 있고 즐거운 활동이 되리라 확신한다. 우리는 희망찬 21세기를 맞으며 역사적 마을경관 보존을 위해 노력할 것이다.

일본의 역사적 마을경관을 사랑하는 모든 사람을 대표하여 여기 서명한다.

전국마을경관 보존연맹 회장
五十嵐 大祐

5. 이코모스 문화루트 헌장*

문화루트국제학술위원회가 작성하고, 2008년 10월 4일, 캐나다 퀘벡시에서 열린 이코모스 16차 총회에서 비준되다.

■ 전 문

문화유산 보존과학의 발전 결과로 문화루트라는 개념이 등장했다. 새로운 개념의 문화루트는 문화재를 보는 시각과 관련한 아이디어의 진화를 보여준다. 또한, 문화유산의 환경과 지역적 크기와 다양한 차원에서 유산을 거시적 구조로 보려는 경향을 지닌다.

이러한 개념은 문화유산이 국경을 초월한 공통의 유산이라는 가치를 인정하고, 공동의 보존 노력을 필요로 하는 새로운 보존 윤리 모델을 등장시킨다.

개개의 구성 요소가 갖는 고유한 가치를 존중함으로써, 문화루트는 각 구성요소 모두가 유산 전체를 이루는, 실질적으로 가치 있는 부분이라는 점을 인정하고 이를 강조한다. 또한, 문화루트는 지속적인 사회경제발전의 자원으로 문화유산의 가치를 인정하는 현대 사회적 인식을 설명하는데 도움을 준다.

문화유산의 확장된 개념은 유산이 자연·문화 및 역사적인 주변 환경(건조물 환경)과 직접 연관된 의미 있는 관계를 기술하고, 보호하기 위해 더 넓은 맥락에서 새로운 접근과 대응을 필요로 한다.

---

* 영어 텍스트 번역은 필자가 함.

이러한 진전으로 문화루트는 획기적이며, 복합적이고 다차원적인 개념이 된다. 이것은 문화유산 보존의 이론과 실제에 새로운 질적 접근을 도입하고 반영하는 것이다.

문화루트는 다른 인종 간에 이루어진 문화의 연결고리가 갖는 호환적이고 동적이며 진화를 추구하는 과정을 보여준다.

비록 문화루트가 역사적으로 평화적 교류와 전쟁이란 양면적 접촉으로 이루어졌지만, 다수의 유산이 원래 가졌던 기능을 초월한, 공유하는 기능을 보유하며, 평화관계에 기초한 아주 특이한 환경을 제공한다. 관련된 공동체가 역사를 공유함은 물론 관용과 상호 존중하고 공감하는 평화관계를 제공하는 특이한 환경을 마련하여 준다.

문화루트라는 새로운 개념, 또는 카테고리는 어떤 주어진 문화루트 안에서 있을 수 있는 다른 카테고리 또는 다른 종류의 문화유산 - 기념건조물, 도시, 문화경관, 공업유산 등과 상충하거나 중첩하지 않는다.

문화루트는 단지 통합 시스템 안에 이런 요소를 포함해 문화유산의 의의를 격상시킬 뿐이다.

이렇게 통합되고 여러 학문분야가 관련하고 공유하는 체제는 창의성 있는 과학적 관점을 통해 보다 상호적이고, 완전하며, 정확한 역사적 시각을 제공하는 등 새로운 관계를 창조한다.

이러한 접근방법은 세계의 다른 나라 사람들과의 이해와 소통을 촉진시켜 줄뿐만 아니라, 문화유산 보존 협력을 증진한다.

문화루트라는 창의적 개념을 도입함으로써, 인류의 이동과 교류라는 특정 현상을 포함한 문화유산의 콘텐츠를 들어내 준다. 이러한 문화현상은 사람들의 교류를 쉽게 하는 이동 루트를 통하

여 발전되어 왔는데, 대부분은 특정 목적에 이용하거나, 이용되어
왔다.

문화루트는 이러한 목적을 위하여, 계획적으로 만들었거나, 이
미 전부 또는 부분적으로 있었던 길이란 이점을 이용한 것이다.

그러나 통신과 교통의 통로라는 특성 이외에, 이것이 문화루트
라는 존재와 의미가 있기 위해서는 역사상 오랫동안 특정 목적으
로 이용되었을 때, 그리고 그와 연관하여 유산적 가치를 발생시키
고 그 자신의 독특한 역동성의 결과로 서로 다른 문화 그룹 사이
에 상호 간 영향을 끼친 문화재로서 관련이 있을 때, 비로소 이를
설명할 수 있다.

그러므로 문화루트란 문화재와 이민족 간의 연결을 포함하는
단순한 소통과 수송 수단을 지징하지 않으며, 오히려 서로 사이에
공통점을 갖는, 어떤 세트의 문화재를 만들려는 사람들의 상상력
과 의지로 창조할 수 없는 특별한 역사적 현상을 가리킨다.

문화루트는 어떤 경우, 특정목적의 사업을 추진할 만한 충분한
힘을 가진 인간집단이 연역적으로 계획한 프로젝트에 (예를 들면,
잉카 또는 모라 제국의 루트) 의하여 발생하였다. 다른 경우, 문화루
트는 긴 진화 과정의 결과이기도 하다. 이 진화 과정이란, 서로
다른 인간들의 집단적 관여가 서로 겹쳐 발생하고, 공통의 목적
(예를 들어 산티아고 루트, 아프리카 무역 대상(隊商)루트 또는 실크로드) 달
성을 위해 투입되었을 때를 말한다.

위의 두 가지 경우는 특정 목표를 달성하려는 인간의 의지가
투입된 과정이다.

문화루트(기념건조물, 고고 유적, 역사 도시, 토착 건축, 무형 산업 및 기
술 유산, 공공사업, 문화 및 자연경관, 교통수단 그 밖의 특정 지식과 기술을

적용한 사례 등)가 존재하는 이유, 즉 상호연관성과 특성을 갖는 문화적 풍부함과 다양성에 비추어 볼 때, 이에 관한 연구와 관리는 다방면의 학술적 접근이 필요하며, 이를 통해 학문적 가설이 소개되고 이에 활기를 불어넣으며, 역사적 문화적 기술적 예술적 지식의 증진을 자극한다.

헌장의 목적

- 문화유산에 관한 이미지 설정 또는 연구 범주와 연관지어 문화루트 범주에 특별히 해당하는 기본적 원칙과 연구 방법을 제정한다.
- 문화루트에 관한 지식의 개발, 평가, 보호, 보존, 관리 및 보존에 관한 기본적 방법을 제안하기 위함이다.
- 문화루트를 해당 유산에 대한 진정성과 완전성, 보존의 적절성, 역사적 의의를 존중하면서, 지속적 사회 경제 발전의 원천으로 이용하기 위한 기본적 지침·원칙과 기준을 정의한다.
- 문화루트에 관한 연구 진행, 보존 및 개발 프로젝트의 수행 및 이들 계획 추진에 필요한 재정확보 등에 긴요한 국내 및 국제적 협력 근거를 설정하기 위함이다.

정의

어떤 통신, 교통의 루트든지 육상, 해상 그 밖의 형태를 막론하고 물리적으로 구분되거나, 어떤 특정의 잘 고안된 목적을 수행하기 위한 자체의 구체적 역동성과 역사적 기능을 갖춘 특성이 있는 것으로서 다음 조건을 충족하여야 한다.

a) 인간들의 교류와 이동은 물론, 상당한 기간에 걸쳐 인간과 인간, 국가 또는 지역 사이, 또는 대륙 간 다방면에 걸쳐 계

속하여 물자·사상·지식과 가치의 교환 교류가 발생하였거나
이를 반영하는 것이어야 한다.

b) 이로써 유·무형의 유산을 통해 반영되는, 오랜 시간과 공간
   에 걸쳐 영향받은 상호 문화적 풍요로움을 증진한 것이라야
   한다.

c) (루트의) 역사적 관계와 관련 문화재의 존재가 역동적 시스템
   으로 통합된 것이라야 한다.

문화루트 요소의 정의

전체성 역동적 특징 및 주변 환경(세팅)으로 본 문화적 맥락, 내
용, 다문화적 의의

1. 맥락 : 문화루트는 자연적 또는 문화적 맥락에서 일어난다.

(문화루트는) 서로 영향을 끼치며 상호 교류 과정의 한 부분으로
새로운 차원의 특징과 풍요를 더한다.

2. 내용 : 문화루트는 반드시 문화유산을 증거하고, 그 존재에
대하여 물질적으로 확인해 주는 유형적인 요소가 뒷받침되어야
한다. 무형적 요소는 전체를 구성하는 여러 요소에 의미를 더해
주는 역할을 한다.

(1) 문화루트 존재를 결정하는 불가결의 물질적 요소는 특정목표 달
    성을 위한 계획된 인간 활동 또는 이 활동을 통해 일어난 프로
    젝트를 수행하는 도구로서의 교통 루트 그 자체이다.

(2) 그 밖의 다른 실질적 요소는 역사루트로서 기능성과 관련 있는
    유형의 문화유산(발진 지점, 세관, 보관 창고, 휴식 및 숙박시설,
    병원, 시장, 항구, 방어요새, 교량, 통신/교통수단; 여러 시대에
    걸친 기술적, 과학적, 사회적 적용 및 발전을 반영하는 공업, 광

산 그 밖의 시설 및 제조와 교역 관련 시설; 도심구역, 문화적 경관, 성스러운 곳, 예배 헌신처 등)이며, 무형적 요소로서는 루트가 지나는 곳의 인간들이 교환과 접촉 과정을 증거 하는 요소들이다.

3. 전체로서의 다문화적 의의

문화루트의 개념에는 개개의 부분의 합보다 큰 전체로서의 가치를 우선하며 여기에 루트로서의 의미를 부여한다.

(1) 문화루트는 서로 다른 문화들로부터 풍부해진 하나 문화 자산으로 구성되는데, 이는 실질적인 수효의 공유적 특성과 가치 시스템을 제공함으로써, 이전 원래 가치를 초월한 가치를 지닌다.

(2) 전체적 정체성 안에서 부분 가치는 공통의, 공유하는 다면적 의미 속에 남아 있다.

(3) 문화루트의 규모는 인간집단, 국가들, 지역 및 대륙 간의 연계를 가능케 한다.

(4) 개재된 영토와 그 안에 있는 다양한 유산 요소를 종합적으로 관리하는데, 이 규모의 폭은 중요한 의미를 가진다.

또한 이로 의한 문화적 다양성은 문화적 단일화의 대안을 제공한다.

4. 역동적 특성

유산적 요소와 함께 문화루트는 역사적 경로에 관한 물질적 증거를 제시하고 있으며, 더불어 상호 문화적 영향이 흐른 전도체 또는 통로 역할을 한 역동적 요소도 포함한다.

(1) 문화루트의 역동성은 자연법칙이나 일시적인 현상에 굴하지 아니한다. 오히려 전적으로 인간 과정과 이해관계 즉 문화현상으로만 이해할 수 있다.

(2) 이와 같은 문화의 필수적인 물적 유형적 측면으로 명백히 드러날 뿐만 아니라, 문화루트의 무형 유산을 만드는 정신과 전통에도 나타난다.

(3) 사람들 사이의 문화 소통인 일련의 역동적 요소들로서 문화루트를 이해하고, 문화재적 자산을 진정한 공간적이고 역사적인 측면에서 진가를 인식할 수 있으며, 이는 전체로서의 루트를 보존하는 종합적이고 지속 가능한 접근을 가능하게 한다.

5. 세팅: 문화루트는 세팅과 밀접하게 연계되어 있으며 이의 불가분의 부분을 형성한다.

(1) 지리적 환경은 루트의 경로를 결정하거나 오랜 시간에 걸친 진화에 영향을 주는 등 문화루트를 형성하는 데 도움이 되었다.

(2) 영토적 환경은 자연이거나 문화적(도시 또는 시골)이거나, 문화루트의 뼈대를 구성하며, 유형무형 성질의 요소와 가치 특성을 지닌 독자적인 분위기를 만들어 준다. 영토적 세팅은 루트를 이해하고 보존하며 향유하는 데 기본이 된다.

(3) 문화루트는 지형과 관련이 있으며, 대단히 다양한 문화재를 언결하고 상호 연관지어, 통합된 전체를 구성하게 한다. 문화루트와 그 주변 환경은 그 지방의 자연 또는 문화적 경관과 관계있으며, 이런 경관은 단지 하나의 구성요소에 불과하고 그 코스를 통과하는 지방에 따라 그 지방의 독특한 특징과 정체성을 지닌다. 지방에 따라 다른 경관은 전체로서의 루트의 특징인 다양한 부분을 보여 주며 다양성을 풍부하게 해준다.

(4) 자연과의 관계가 특히 민감한 부분이 있는가 하면, 도시 또는 시골 환경과 관련이 있는 곳도 있다. 다른 건물과 격리된 기념물 지역(교회, 수도원, 분수대, 교량, 국경지역 등)은 기념건조물과 문화루트의 특정 부분의 성격을 조성하는 경관 세팅과의 관

계이다.

(5) 문화루트의 보호와 보존은 그 주변의 역사·자연·문화적 특성에 관한 심오한 학식이 필요하다. 필요하다고 여겨지는 여하한 개입도 이 맥락과 부합되어야 하며, 자연, 문화 또는 혼합유산을 불문하고 전통적 경관을 왜곡하지 않으면서 이해를 용이하게 하여, 문화유산으로서 정의된 특성을 존중 한다.

(6) 문화루트의 주변 환경 도형을 준비해야 한다. 도형에는 잘 정의되고 규제되고 있는 완충지대를 확실하게 표시하고, 보존되어야 할 물질적·비물질적 가치는 진정성과 완전성이 충실히 보장되도록 한다.

이러한 보존계획에 문화루트를 구성하는 지역의 경관들의 가치와 그 특징적 풍치를 포함하여야 한다.

특정 지표

문화루트 범주에 적용할 기본적 식별지수로서 다음을 고려한다.

- 루트의 구성과 물질적 하부구조 및 특정목적을 수행했던 이용상의 역사적 자료;

- 문화루트의 구체적인 목적 및 기능과 관련된 물질적 구조;
  교통의 요소와 루트 상, 또는 특정 지점에 존재하는, 유래를 공유하는 문화적 표현(관행, 전통, 풍속 및 종교, 의례, 언어, 축제, 음식 그 밖의 유사한 현상);

상호 영향을 끼친 음악·문학·건축·미술·공예·과학발전·기술적·과학기술적 기능 등, 그 밖의 물적 정신적 문화자산 — 이는 문화루트의 역사적 기능을 충분히 이해해야만 알 수 있다.

문화루트의 유형

문화루트는 다음과 같이 분류한다.

- 영토적인 영역에 의한 분류 : 지방, 국가, 지역, 대륙, 또는 대륙 간.
- 문화영역에 의한 분류 : 주어진 문화지역 또는 다른 지형적 영역의 확대 지역으로 문화 가치의 형성이나 진화에 있어 상호 영향을 공유하였거나 계속 공유하는 지리적 지역.
- 목적과 기능(사회·경제·정치·문화)에 의한 분류 : 이 특성은 다면적인 맥락을 지닌 공유 유적에 걸쳐 발견할 수 있다.
- 시간에 의한 분류 : 현재 이용되지 않는 유적과 사회경제 정치 문화의 교류에 영향을 받으며 계속 사용되는 유적을 말한다.
- 구성 형태에 의한 분류 : 선형·원형·십자형·방사선형 또는 그 물망형
- 자연환경에 의한 분류 : 육지·수상·해상·혼합, 그 밖의 물리적 환경

확인 작업, 완전성 및 진정성

- 일차적 지표

아래 사항을 문화루트의 존재 여부 확인 및 평가를 위한 잠정적인 일차적 지표로 삼는다.

- 관련 지방 사이 이문화 그룹에 교류를 유발한 사회 경제 정치 문화적 역동성의 표현.
- 다른 지리적 지역 또는 역사적 유대로 이어진 문화지역이 공유하는 특성.
- 이문화권의 민족적, 인종적 상관관계와 상호 이동으로 생긴 증거.

- 각각 다른 커뮤니티의 전통적 생활에 뿌리를 둔 특정의 문화적 특색.
- 유산의 요소 및 문화적 관행, 의식, 축제, 종교행사 등 루트의 특징과 기능에 관련된 특정 문화권·역사권 안의 공동체 등의 공유하는 가치관을 대표하는 것.

- 조사확인 작업

문화루트의 조사확인 과정 - 조사 확인하는 과정은 반드시 특정 기능을 고찰해야 하는데, 이는 루트의 확인과 이해에 도움이 된다. 다음 사항을 조사한다.

- 상호 문화적 접촉으로 인하여 역동적으로 유발된 유산의 유무형의 가치,
- 구성형태,
- 전체적인 지리 역사적 맥락,
- 자연적·문화적 세팅(도시 또는 시골 등),
- 세팅 관련 환경적 가치의 특성,
- 경관과의 관계,
- 시대적 기간,
- 상징성과 정신적 차원 등

문화루트의 무형 자산은 루트의 의의와 연관된 유산적 가치를 이해하는데 근본이 된다. 그러므로 무형적 특성상의 가치에 관련된 물적 측면을 반드시 연구하여야 한다.

비교평가를 위하여 루트의 다른 부분의 경과기간 및 역사적 의의를 전체와 연관시켜 고찰한다.

현존하는 문화루트의 경우, 루트의 구체적인 목적과 연관된 역동적 관계와 기능이 유지되어야 한다. 역동적 기능이란 루트가 생기게 하고, 이를 식별 확인할 수 있게 하는 기능을 말하며, 오

랜 시간에 걸쳐 역사적 과정으로 변모하였거나 새로운 요소가 가해졌을 때도 유지되어야 한다.

이들 새로운 요소는 문화루트의 테두리와 기능적 관계로 평가되어야 하나, 때로는 문화재 자체가 유산적 가치를 가지고 있으면서 루트의 한 부분을 구성하지 않기 때문에 문화루트의 구성요소로 볼 수 없는 경우도 있다.

– 진정성

모든 문화루트는 진정성 기준을 충족시켜야 한다. 이를 충족시키기 위해서는 루트의 자연 또는 문화 환경적 가치를, 또 물적 무형적 결정요소 및 독특한 특색에 관하여 확실하게 표현될 수 있어야 한다.

연구 조사할 각 부분의 의의를 평가하기 위해 이 기준을 적용한다. 이 작업을 위해, 전체 전개과정 동안 루트의 전체적인 의미와 길의 흔적을 통해 구조적 레이아웃을 평가 한다.

루트의 전 코스에 걸쳐 자연·문화적 맥락상 진정성이 분명해야 한다. 또한 역사적 기능과 세팅의 다른 유무형의 유산적 요소도 마찬가지이다.

문화루트의 어떤 부분의 물적 흔적이 분명하게 보존되어 있지 않을 경우에도, 루트의 진정한 의의와 불가분의 구성요소와 이의 진정성의 물증을 사서(史書), 무형적 요소 및 비물질적 정보 소스로 루트의 존재를 보여줄 수 있다.

문화루트의 보호, 보존 및 관리에 관한 기술과 방법은 전통적인 것이든 혹은 새로 적용한 것이든 진정성 기준을 존중해야 한다.

- 완전성

문화루트의 완전성을 입증하는 데는 일련의 유무형 증거 요소가 충분히 표현되는 데에 기초하여야 한다. 이러한 증거요소는 전체로서 세계적 의의와 가치를 가지고, 문화루트를 발생시킨 역사과정의 성질과 중요성의 완전한 표현을 가능하게 한다.

문화루트의 역사적 관계의 증거와 역동적 기능은 해당 루트의 특성에 매우 중요하며 유지되어야 한다. 또한, 물리적 구조 및 특징적 성질이 양호한 상태이며, 노후화 과정은 조절되고 있는지, 루트가 개발, 유기 또는 무관심으로 인해 부작용이 일어나고 있는가 살펴야 한다.

방법론

문화루트의 개념은 조사·평가·보호·보존·이용 및 관리에 특별한 방법론을 필요로 한다.

유산의 범위와 가치를 전체적인 관점에서 볼 때, 또는 영토적 측면에서 볼 때, 이 작업은 조정 통합 관리시스템 수립을 필요로 하고 있다.

전 루트와 각 부분별로 자산의 구성과 현황조사 및 보존상태의 분석을 비롯하여 루트의 조사 확인 작업을 시작함이 중요하다. 이는 보존 계획의 수립을 용이하게 할 것이다.

보존계획은 루트의 인식을 높이는 대책과 공공기관과 사조직의 관심을 창출하도록 하여야 한다.

또한, 전체로서의 루트의 모든 구성요소와 핵심적 부분의 가치, 이의 보호 이용 관리를 위한 조정계획과 구체적인 제도를 수립하여야 한다.

1. 조사연구

문화루트의 조사연구는 광범위하게 분산된 방대한 지역에 걸쳐 행해질 것이다. 그러므로 연구하고자 하는 루트의 주요 특성 지점에 몇 개의 조사연구팀을 체류시킬 것을 권장한다.

문화루트의 각각 다른 부분의 유산 가치를 적절히 조사 평가하기 위해서 실제 적용 및 각 지표 첨부를 비롯한 조사연구 방법은 전체로서 루트의 의미를 시야에 두고 시행하여야 한다. 이는 유산의 역사적 의의를 잃어버릴 가능성을 배제하기 위해서이다.

이러한 문화유산범주에 종사하는 연구팀은 다양한 학문분야의 참여와 상호 협력이 필요하다.

보편적 작업 기준은 부분의 조사로 시작하는 원칙에 기초하나, 프로젝트의 전체적인 시야를 잃어서는 아니 된다.

또한 공통의 방법론적인 수단을 사전에 표준화하여 자료 수집에 이용한다.

시행계획에는 조정 장치를 포함하여 조사연구자들 사이의 소통과 협력을 용이하게 해야 한다. 이는 각 팀의 작업 내용과 성과에 관한 데이터 발신을 가능할 수 있게 하기 위함이다.

조사연구 종사자들의 심득사항으로서, 어떤 문화루트 상에 실존하는 다양한 형태의 문화유산자산은 그 존재 자체가 반드시 루트의 불가분의 구성요소를 의미하거나 이와 관련된 적절한 연구 대상이 아니라는 것에 유의하여야 한다.

단지 문화루트 학술조사에 있어 강조되어야 할 것은 루트의 본래의 목적 및 관련성과 기능적 역동성에서 발생하는 영향 요인이다.

2. 연구자금

광범위한 문화루트를 조사하고 그 가치를 찾아내는 데 필요한 작업 범위를 고려할 때, 단계별로 자금 지원을 얻을 수 있게 해야 한다. 이렇게 함으로써 조사 연구 프로젝트뿐만 아니라, 루트의 각 부분의 관련된 보존·이용 및 관리 계획의 균형 있고 잘 조율된 성과를 얻을 수 있을 것이다. 여기서 보존할 자산 가치를 합동으로 견적을 내 봄으로써, 실행계획의 우선순위와 각 분야별 실시계획의 규모를 설정하도록 조언한다.

이를 위해서 양자 또는 다자 협력 협정을 통해 연구자금을 획득할 뿐만 아니라, 루트 연구와 그 가치 발견을 전문으로 하는 조직의 창설도 필요로 한다.

같은 맥락에서 문화루트의 역사적 경로의 전부 또는 부분적으로 관할하는 지방 당국은 국가의 관심을 얻고, 지원받을 수 있는 방안을 모색한다. 가능하다면 자선단체와 개인기부자들의 협력을 유치하는 것이 중요하다.

3. 보호-평가-보존

문화루트 및 세팅은 평가·보호·보존을 위한 새로운 장치가 필요하다.

부분 또는 임의적 기준으로 문화유산 구성요소를 보호한다고 보장하기 어렵기 때문이다. 구성요소의 엄격한 재고 현황 작성을 위해, 문화루트의 가치와 이에 따른 영향에 관한 조사 작업과 진정성 및 완전성의 평가 작업이 시행되어야 한다.

또한 퇴화 과정을 통제하고, 개발 또는 방치로 인한 부작용을 방지하기 위한 전략을 세워둘 필요가 있다.

이렇게 하려면, 잘 짜인 법적 제도와 장치가 수립되어야만 루트가 보존되고 총체적으로 가치와 의의가 돋보일 수 있다.

루트의 의의에 영향을 미치거나 변화시킬 수 있는 개입 이전에 유산의 가치를 이해함이 더 중요하다.

4. 지속가능한 이용-관광활동과의 관계

문화루트의 이용과 관련, 안정적인 개발을 위해 유익한 사회 경제적 활동을 증진하는 데 이용하는 것이 중요하다.

관광루트와 문화루트의 개념을 혼동하지 않도록 세심한 배려가 필요하다.

그러나 문화루트는 영토적 일체성과 지속 가능한 발전을 위해 매우 중요하다는 현실을 또한 인정하여야 한다.

이런 관점에서 볼 때, 문화루트에 관한 지식을 증진하기 위한 노력과 관광 목적을 위한 적절한 수준의 지속적 활용을 위한 노력을 경주하여야 한다.

이러한 목적을 위해 문화루트의 보호 및 이용은 관광 활동에 필요한 보충적 인프라, 즉 접근로, 정보 및 해석과 전시 등과 조화롭게 조절되어야 한다. 이렇게 함으로써 문화루트의 역사적 가치의 의미, 진정성, 완전성 등 핵심요소가 훼손되지 않고서 방문자에게 전달될 수 있다.

관광은 사전에 환경에 미치는 영향 연구와 공공 이용 및 지역 사회 참여 등을 사전에 조절한 후 합리적 수준으로 관리한다. 또한, 관광에 의한 악영향을 방지하기 위한 통제와 모니터링을 동시에 시행한다. 관광 목적을 위한 문화루트의 개발은 어떠한 경우에도 지역 사회의 참여와 지방 및 지역 관광사에 우선으로 주어져

야 한다. 따라서 거대한 국제기업이나 루트의 역사적 통로를 거치
는 선진국 기업의 독점을 방지하기 위해 최대한 대비해야 한다.

문화루트가 이를 구성하는 문화와 문명의 만남을 총체적으로
해독하게 하는 협력의 도구라고 생각할 때, 우리는 각 구성부분
의 상대적 중요성과, 각 부분의 긍정적 개발이 루트의 이익을 증
진하고 다른 부분도 혜택을 준다는 사실에 유의할 필요가 있다.

5. 관리

'문화루트의 의의를 이해함'은 루트 관리의 근본적 원칙이 된다.
이 원칙은 조사연구, 평가, 해당 학식의 사회에의 전파 등에 관련
된 모든 활동이 협조적으로 조화 있게 추진되도록 보장하는데 적
용된다.

여기에는 또한 보호·보존·영토 내 조직·지속 가능한 발전·이용
과 관광 등 분야의 모든 정책 추진을 보장하는 교차 협력도 필요
하다. 그러므로 합동 프로젝트를 수립하여 국내(주, 지역, 지방 단계)
와 국제적 규모의 지속적 발전을 보장할 필요가 있다. 문화루트
의 완전성과 진정성, 그리고 그 의의에 영향을 줄 자연재해와 모
든 종류의 위험요소에 대비한 루트 보호관리 수단을 입안하여 시
행하여야 한다.

6. 공중의 참여

문화루트의 보호·보존·진흥 및 관리를 위해 공중의 인식을 자
극할 필요가 있으며, 루트를 공유하는 지역주민의 참여를 얻어야
한다.

국제협력

문화루트라는 역사적 통로는 여러 나라에 걸쳐 있는 경우가 많다. 이런 이유로 국제적 문화루트를 구성하는 루트 선상의 연도(沿道) 나라의 자산에 대한 조사·평가·보존에 있어 국제협력이 긴요하다.

문화루트가 경제적 발전도가 다른 여러 나라에 걸쳐 있을 때는, 발전국이 저개발국에 대하여 경제, 기술, 물자지원 수단을 비롯하여 정보, 경험 및 연구자의 지원에 나설 것을 권고한다.

또한, 유네스코와 그 밖의 국제협력기관은 1개국 이상 이해관계가 있는 루트를 진흥시키고, 사업계획을 전개하기 위해(재정적, 기술적 및 물자적) 협력 장치를 설치할 것을 희망한다.

문화루트는 인간집단 간 융합의 상징으로 보아야 한다. 문화루트 교역로에 형성된 역사적 유대는, 과거 특정 가치관과 지식을 공유했던 사람들의 새로운 협력에 기초한 프로젝트를 추진하는 데 도움이 될 것이다.

6. 이코모스 문화루트 헌장

THE ICOMOS CHARTER ON CULTURAL ROUTES

Prepared by the International Scientific Committee on Cultural Routes (CIIC) of ICOMOS Ratified by the 16th General Assembly of ICOMOS, Qu?ec (Canada), on 4 October 2008

Preamble

As a result of the development of the sciences of conservation of cultural heritage, the new concept of Cultural Routes shows the evolution of ideas with respect to the vision of cultural properties, as well as the growing importance of values related to their setting and territorial scale, and reveals the macro structure of heritage on different levels. This concept introduces a model for a new ethics of conservation that considers these values as a common heritage that goes beyond national borders, and which requires joint efforts. By respecting the intrinsic value of each individual element, the Cultural Route recognizes and emphasizes the value of all of its elements as substantive parts of a whole. It also helps to illustrate the contemporary social conception of cultural heritage values as a resource for sustainable social and economic development.

This more extensive notion of cultural heritage requires new approaches to its treatment within a much wider context in order to describe and protect its significant relationships directly associated with its natural, cultural and historical setting. Within this advance, the concept of the Cultural Route is innovative, complex and multidimensional. It introduces and represents a qualitatively new approach to the theory and practice of conservation of the cultural heritage.

Cultural Routes represent interactive, dynamic, and evolving processes of human intercultural links that reflect the rich diversity of the contributions of different peoples to cultural heritage.

Though Cultural Routes have resulted historically from both peaceful and hostile encounters, they present a number of shared dimensions which transcend their original functions, offering an exceptional setting for a culture of peace based on the ties of shared history as well as the tolerance, respect, and appreciation for cultural diversity that characterize the communities involved.

The consideration of Cultural Routes as a new concept or category does not conflict nor overlap with other categories or types of cultural properties -monuments, cities, cultural landscapes, industrial heritage, etc.-that may exist within the orbit of a given Cultural Route. It simply includes them within a joint system which enhances their significance.

This integrated, interdisciplinary and shared framework creates new relationships among them by means of an innovative scientific perspective that provides a multilateral, more complete, and more accurate vision of history. This approach stimulates not only understanding and communication among the peoples of the world, but also increases cooperation to preserve cultural heritage.

The innovation introduced by the concept of "Cultural Routes" reveals the heritage content of a specific phenomenon of human mobility and exchange that developed via communication routes that facilitated their flow and which were used or deliberately served a concrete and peculiar purpose. A Cultural Route can be a road that was expressly created to serve this purpose or a route that takes advantage either totally of partially of preexisting roads used for different purposes. But beyond its character as a way of communication or transport, its existence and significance as a Cultural Route can only be explained by its use for such specific purpose throughout a long period of history and by having generated heritage values and cultural properties associated to it which reflect reciprocal influences between different cultural groups as a result of its own peculiar dynamics.

Therefore, Cultural Routes are not simple ways of communication and transport which may include cultural properties and connect different peoples, but special historic phenomena that cannot be created by applying one's imagination and will to the establishment of a set of associated cultural assets that happen to possess features in common.

Cultural Routes have sometimes arisen as a project planned a priori by the human will which had sufficient power to undertake a specific purpose (for example, the Incan and the Roman Empire Routes). On other occasions, they are the result of a long evolutionary process in which the collective interventions of different human factors

coincide and are channeled towards a common purpose (such as in the Route to Santiago, the African trade caravan routes, or the Silk Route). In both cases, they are processes arising from the human will to achieve a specific objective.

Given the cultural richness and variety of both the interrelationships and the characteristic assets directly associated with the reason for the existence of Cultural Routes (such as monuments, archaeological remains, historic towns, vernacular architecture, intangible, industrial and technological heritage, public works, cultural and natural landscapes, transportation means and other examples of the application of specific knowledge and technical skills), their study and management requires a multidisciplinary approach that illustrates and reinvigorates scientific hypotheses and stimulates increased historic, cultural, technical and artistic knowledge.

Objectives of the Charter

.To establish the basic principles and methods of research specific to the category of Cultural Route as they relate to other previously established and studied categories of cultural heritage assets.

.To propose the basic mechanisms for the development of knowledge about, evaluation, protection, preservation, management and conservation of Cultural Routes.

.To define the basic guidelines, principles and criteria for correct use of Cultural Routes as resources for sustainable social and economic development, respecting their authenticity and integrity, appropriate preservation and historical significance.

. To establish the bases for national and international cooperation that will be essential for undertaking research, conservation and development projects related to Cultural Routes, as well as the financing required for these efforts.

Definition

Any route of communication, be it land, water, or some other type, which is physically delimited and is also characterized by having its own specific dynamic and historic functionality to serve a specific and well determined purpose, which must fulfill the following conditions:

a) It must arise from and reflect interactive movements of people as well as multi-dimensional, continuous, and reciprocal exchanges of goods, ideas, knowledge and values between peoples, countries, regions or continents over significant periods of time;

b) It must have thereby promoted a cross-fertilization of the affected cultures in space and time, as reflected both in their tangible and intangible heritage;

c) It must have integrated into a dynamic system the historic relations and cultural properties associated with its existence.

Defining elements of Cultural Routes:

context, content, cross-cultural significance as a whole, dynamic character, and setting.

1. Context: Cultural Routes occur in a natural and /or cultural context upon which they exert an influence and which they help to characterize and enrich with new dimensions as part of an interactive process.

2. Content: A Cultural Route must necessarily be supported by tangible elements that bear witness to its cultural heritage and provide a physical confirmation of its existence. Any intangible elements serve to give sense and meaning to the various elements that make up the whole.

1. The indispensable physical element that determines the existence of a Cultural Route is the communication route itself as an instrument serving a project designed or arising through human activity to accomplish specific goals.

2. Other basic substantive elements are the tangible heritage assets related to its functionality as a historic route (staging posts, customs offices, places for storage, rest, and lodging, hospitals, markets, ports, defensive fortifications, bridges, means of communication and transport; industrial, mining or other establishments, as well as those linked to manufacturing and trade, that reflect the technical, scientific and social applications and advances in its various eras; urban centers, cultural landscapes, sacred sites, places of worship and devotion, etc.) as well as intangible heritage elements that bear witness to the process of exchange and dialogue between the peoples involved along its path.

3. Cross-cultural significance as a whole: The concept of Cultural Route implies a value as a whole which is greater than the sum of its parts and gives the Route its meaning.

(1) The cultural route constitutes a cultural asset enriched by the different cultures it has fertilized and which transcends them in overall value by offering a substantial number of shared characteristics and value systems.

(2) Within its overall identity, the value of its parts resides in their common, shared, multi-faceted significance.

(3) Its wider scale permits a cultural linking of peoples, countries, regions, and continents.

(4) This breadth of scale is important from the point of view of both the territory included and of the comprehensive management of the various heritage elements included in it. At the same time the cultural diversity it implies provides an

alternative to a process of cultural homogenization.

4. Dynamic character: In addition to presenting physical evidences of its historic path, along with cultural heritage elements, Cultural Routes include a dynamic factor that acts as a conductor or channel through which the reciprocal cultural influences have flowed.

(1) The dynamic of a Cultural Route does not obey natural laws or casual phenomena, but rather exclusively human processes and interests, and is therefore understandable only as a cultural phenomenon.

(2) This vital fluid of culture is manifested not only in material or tangible aspects, but also in the spirit and traditions making up the intangible heritage of Cultural Routes.

(3) By understanding a Cultural Route as a set of dynamic elements of cultural communication between peoples, its cultural heritage assets can be appreciated in their true spatial and historical dimensions, which allows for a comprehensive and sustainable approach to the conservation of the Route as a whole.

5. Setting: The Cultural Route is closely linked to its setting and forms an inseparable part of it.

(1) The geographical setting has helped to shape the Cultural Route, either determining its path or influencing its development over time.

(2) The territorial setting, whether natural or cultural (urban or rural), provides the framework of the Cultural Route, gives it its particular atmosphere, characterized by elements and values of both physical and intangible nature, and is fundamental for the comprehension, conservation and enjoyment of the route.

(3) A Cultural Route connects and interrelates geography and very diverse heritage properties, forming a unified whole. Cultural Routes and their setting are related to their different

landscapes, natural or cultural, which are but just one of their components and have their own distinctive characteristics and identity depending on the different areas and regions they pass through in their course. The different landscapes contribute to characterize the diverse sections of the Route as a whole, enriching it with their diversity.

(4) The relationship with nature is especially sensitive in some sections, in others it is the relationship with the urban or rural environment, and in the areas with monuments that are isolated from other buildings (such as chapels, monasteries, fountains, bridges, boundary crosses, etc.), it is the relationship of these monuments with their landscape setting which shapes the nature of that section of the Cultural Route.

(5) The protection and conservation of the Cultural Routes requires a profound knowledge of the historic, natural and cultural characteristics of their surroundings. Any interventions that may be necessary must fit in with this context and respect its defining features by facilitating their understanding and not distorting the traditional landscape, whether it is natural, cultural or combined.

(6) A delineation of the setting must be provided for the Cultural Route, clearly marking the boundaries of a well-defined, regulated buffer zone, which should allow the material and immaterial cultural values included in it to be preserved in their full authenticity and integrity.

Such protection must include the values of the different landscapes forming part of the Cultural Route and providing its characteristic atmosphere.

Specific indicators

As basic differentiating indicators applicable to the category of Cultural Route, the following should be considered: the structure of the route and its physical substratum as well as historical data about its use to accomplish a specific goal; any physical structures associated with the concrete purpose and functionality of the Cultural Route; communication elements, and the existence of cultural manifestations of shared origin along (or at given points of) the route such as practices, traditions, customs, and common uses of a religious, ritual, linguistic, festival, culinary, or similar nature; reciprocal influences in music, literature, architecture, fine arts, handicrafts, scientific advances, technical and technological skills, and other material and immaterial cultural assets whose full understanding derives from the historic function of the Cultural Route.

Types of Cultural Routes

Cultural routes can be classified as follows:
. According to their territorial scope: local, national, regional, continental, or intercontinental.
. According to their cultural scope: within a given cultural region or extended across different geographical areas that have shared or continue to share a process of reciprocal influences in the formation or evolution of cultural values.
. According to their goal or function: social, economic, political, or cultural. These characteristics can be found shared across a multi-dimensional context.

. According to their duration in time: those that are no longer used versus those that continue to develop under the influence of socio-economic, political, and cultural exchanges.

. According to their structural configuration: linear, circular, cruciform, radial or network.

. According to their natural environment: land, aquatic, mixed, or other physical setting.

Identification, Integrity and Authenticity

►*Prima face indicators*

For identification and assessment purposes, the following aspects may initially be considered as prima facie, non-conclusive evidence of the existence of a Cultural Route:

. Expressions of dynamic social, economic, political, and cultural processes which have generated exchanges between different cultural groups of related areas;

. Distinguishing characteristics that are shared by different geographical and cultural areas connected by historical bonds;

. Evidences of mobility and of relationships forged between peoples or ethnic groups of different cultures;

. Specific cultural features rooted in the traditional life of different communities;

. Heritage elements and cultural practices -such as ceremonies, festivals and religious celebrations representative of shared values for different communities within (a) specific cultural and historic area(s)-related to the significance and functionality of the Route.

▶Identification process

The process for identifying a Cultural Route will necessarily take into account its specific functionality to serve a concrete and well-determined purpose, the tangible and intangible values of its heritage dynamically generated as a results of reciprocal cultural influences, its structural configuration, its whole geographic and historic context, its natural and cultural setting, whether the latter is urban or rural, and its corresponding characteristic environmental values, its relationships to the landscape, its duration in time, and its symbolic and spiritual dimension, all of which will contribute to its identification and to the understanding of its significance.

The intangible assets of a Cultural Route are fundamental for understanding its significance and its associative heritage values. Therefore, material aspects must always be studied in connection with other values of an intangible nature.

For the purpose of its comparative evaluation, the temporal duration and historic significance of the different sections of the Route in relation to the whole should also be taken into account.

In the case of a living Cultural Route, the relationships and dynamic functions associated with the specific and well-determined purpose that gave rise to its existence and serves to define and identify the route should be maintained, even if the historic processes have undergone change over time and new elements have been incorporate. These new elements should be evaluated within the framework of their functional relationship to the Cultural Route, and the case may occur where properties that have heritage values in themselves cannot be considered as components of the Cultural Route because they do not form part of it.

. Authenticity

Every Cultural Route should fulfill authenticity criteria demonstrably and credibly expressing its value in terms of both its natural and cultural environment, and concerning both its defining elements and its distinctive features of a material and immaterial nature:

These criteria should be applied to each section under study to assess its significance in relation to the overall meaning of the Route throughout its historical development, and to verify the authenticity of its structural layout through the vestiges of its path.

Authenticity should also be evident in the natural and cultural context of each stretch of the Route subject to analysis and assessment, as well as in the other tangible and intangible heritage elements included within its historic functionality and its setting.

Even if in certain sections the material traces of a Cultural Route are not clearly preserved, its existence in these areas could be shown through historiography, intangible elements and immaterial sources of information that prove their real meaning as integral components of that Route and evidence its authenticity.

The techniques and methodologies used for the protection, conservation and management of the Cultural Routes, whether traditional or newly implemented, must respect the authenticity criteria.

▶*Integrity*

The verification of the integrity of a Cultural Route must necessarily be based on a sufficiently representative set of both tangible and intangible evidences and elements that witness to its global significance and values as a whole and ensure the complete representation of the features and importance of the historic processes which generated the Cultural Route.

Evidences of the historic relationships and dynamic functions essential to the distinctive character of the Cultural Route should be maintained. In addition, regard must be had for whether its physical fabric and/or its significant features are in good condition and the impact of deterioration processes controlled, and whether or not the Route reflects any possible side effects of development, abandonment or neglect.

Methodology

The concept of Cultural Route requires a specific methodology for its research, assessment, protection, preservation, conservation, use and management. Given its breadth and its value as a whole, as well as its territorial dimensions, this methodology requires the establishment of a system of coordinated and integrally managed activities.

It is essential to start with the identification both of the Route as a whole and of its individual sections, along with an inventory of the assets that comprise it and an analysis of their state of conservation which will facilitate the elaboration of a strategic plan for its preservation. This plan should necessarily include measures for raising awareness of the Route and creating interest in it among public and private entities. It also requires the formulation of coordinated measures and specific legal instruments for the protection, use and management of all of its elements as substantive parts of the value and significance of the Route as a whole.

1. Research

The study of cultural routes may extend across different geographical areas, possibly widely separated from each other. It is therefore advisable to set up several research teams located at the main characteristic points of the Route under study.

The research methodology, along with the adoption of practices and the attachment of indicators for proper identification and assessment of the heritage values in the different sections of a Cultural Route, should never lose sight of the meaning of the Route as a whole, in order to avoid any loss in the meaning or historic significance of the route.

Research teams working on this cultural heritage category should be of a multidisciplinary and cooperative nature. Common working criteria should be established based on the principle of starting with an investigation of the parts, but without losing sight of the project as a whole. Similarly, common methodological instruments-standardized in advance-should be used for the collection of data.

The project plan should include coordinating mechanisms that will facilitate communication and cooperation among the researchers in order to make it possible to transmit data about the work and achievements of each team.

Researchers should keep in mind that the presence of various types of cultural heritage properties along the path of a Cultural Route does not, in and of itself, imply that they are necessarily integral components of that route or are appropriate objects of study in relation to it. The only elements that should be highlighted in the scientific investigation of a Cultural Route are those related to the specific goal of the Route and any influences arising from its functional dynamic.

2. Funding

Given the scope of the tasks involved in identifying and highlighting the value of a vast Cultural Route, funding should be obtained in stages that will allow for balanced, coordinated progress in the research projects as well as the preservation, use, and management projects related to its various sections. It is advisable to establish a joint estimation of the values to be preserved so as to allow the setting of a scale of priorities for action and the implementation of the corresponding strategies. This requires that funding be obtained through bilateral or multilateral cooperation agreements, as well as through the creation of bodies specifically devoted to researching and highlighting the value of the Route. Along the same lines, regional bodies whose jurisdictions coincide totally or partially with the historic path of a Cultural Route should determine how they can best gain the interest of the States involved and obtain their cooperation. It is also important to attract, if possible, the cooperation of philanthropic institutions and private donors.

3. Protection – Assessment–Preservation/Conservation

Cultural Routes and their setting require new instruments for their assessment, protection, conservation and evaluation. It is not sufficient to guarantee protection of their heritage elements on a partial or random basis. The preparation of rigorous inventories of these elements, as well as an assessment of their authenticity and integrity should take place in order to identify impacts on the values of the Cultural Route and therefore impacts on its significance. It is also necessary to control the impact of deterioration processes, and to develop a strategy to prevent the adverse effects of development and neglect. All of this requires the establishment of a system of coordinated legal measures and appropriate instruments that guarantee that the Route will be preserved and its value and significance highlighted in a holistic fashion. Understanding heritage values is fundamental prior to any intervention on Cultural Routes that may impact/change their significance.

4. Sustainable Use - Relationship to Tourist Activities

With regard to its use, a Cultural Route can be used to promote an activity of social and economic interest of extraordinary importance for stable development.

Special care should be taken to avoid confusion between the concepts of tourist routes-even including those of cultural interest-and Cultural Routes. However, it should also be recognized that a Cultural Route is a reality that can have great importance for territorial cohesion and sustainable development. From this point of view, efforts should be made to promote knowledge about Cultural Routes, along with their appropriate and sustainable use for tourism purposes, always with the adoption of appropriate measures aimed at eliminating risks. For this purpose, protection and promotion of a Cultural Route should harmoniously integrate a supplementary infrastructure - for tourist activities, access routes, information, interpretation and presentation - with the essential condition that it does not jeopardize the meaning, authenticity and integrity of the historic values of the Cultural Route as key elements to be conveyed to visitors.

Tourist visits should be managed on a rational basis in accordance with prior environmental impact studies and with plans for public use and community participation, as well as control and monitoring measures intended to prevent the negative impacts of tourism.

The development of a Cultural Route for tourism purposes should guarantee in any case that priority is given to the participation of the local community and to local and regional tourist companies. Every effort should be made to prevent the creation of monopolies by large international companies or by powerful companies based in the more developed countries through which the historic path of the Cultural Route passes.

Given the fact that a Cultural Route is an instrument for cooperation and understanding which provides a holistic reading of the encounter of cultures and civilization that form that Route, we should also keep in mind that independently of the relative importance of each one of its parts, the promotion of positive developments in each one, leads to increased interest on the Route and benefits for the other parts.

5. Management

"Understanding of Cultural Routes Significance" becomes the basic / fundamental principle associated to management of cultural routes. This implies ensuring that all activities related to their research, assessment and social dissemination of knowledge about them are carried out in a coordinated and harmonious manner. This also requires a cross coordination that guarantees the combination of policies relating to protection, preservation, conservation, territorial organization, sustainable development, use and tourism. Therefore, joint projects need to be prepared that ensure sustainable development on a national (at the provincial, regional, local level, etc.) and international scale, as well as the establishment of management tools designed to protect the Route against natural disasters and all kinds of risks which could impact on the integrity and authenticity of the Cultural Route and therefore on its significance.

6. Public participation

The protection, conservation / preservation, promotion and management of a Cultural Route calls for the stimulation of public awareness, and the participation of the inhabitants of the areas which share the Route.

International cooperation There are notable examples of Cultural Routes whose historic paths involve various countries. For this reason, international cooperation is essential for research, assessment, and preservation of the assets that make up international Cultural Routes.

When Cultural Routes exist which involve countries with different degrees of development, it is recommended that the more developed countries provide the means for economic, technical, and logistic cooperation as well as assistance in the exchange of information, experience, and researchers.

It is highly desirable that UNESCO and other international organizations should establish mechanisms of cooperation(financial, technical, and logistic) to help foster and implement projects related to Cultural Routes that are of interest to more than one country.

Cultural Routes should be seen as symbols of union between peoples. The historic ties developed along Cultural Routes can serve to promote projects based on renewed cooperation between peoples who shared certain values and knowledge in the past.

◪ 저자 김광식

서울 출생으로, 서울대 언어학과를 졸업하고 문화공보부(현 문화체육관광부)에서 공직생활을 한 이래 해외홍보와 문화예술 분야에 31년 재직한 문화예술행정가이다.

그는 일본, 미국, 영국 및 홍콩 등 해외에서 모두 16년 동안 근무하면서 풍부한 해외경험을 쌓았다.

국내에서는 해외공보관(현 해외문화홍보원) 외보과장(1973), 문화예술국장(1982), 국립중앙박물관 사무국장(1985), 국립영화제작소(현 한국정책방송원) 소장(1987)을 역임했고, 주일본문화원장(89-93)을 끝으로 공직생활을 마쳤다.

런던 주재 당시에는 City University of London 경영대학원에 주말반 학생으로 입학(1988), 1990년 예술경영학석사(MA in Arts Management)를 받은 바 있다.

1998년부터 4년 동안 고려대 석좌 연구교수(세종 캠퍼스)로 재직하면서 학부에서 매스컴 론을, 대학원에서 문화재정책학을 강의하였다.

1999년부터 유네스코 문화유산 보존업무에 관계하기 시작했다.

현재 ICOMOS(국제기념물유적협의회) 한국위원으로 세계문화유산 보존분야에 활동하고 있다.

유네스코 세계유산 만들기
Making UNESCO World Heritage

초판인쇄 2013년 12월 10일
초판발행 2013년 12월 17일
편 저 자 김 광 식
발 행 인 권 호 순
발 행 처 시간의물레
등록번호 제1-3148호
주   소 서울시 마포구 마포대로 4다길 3(1층)
전   화 02-3273-3867, 070-8808-3867
팩   스 02-3273-3868
이 메 일 timeofr@naver.com
I S B N 978-89-6511-078-1 (93300)
정   가 15,000원
* 잘못된 책은 바꿔드립니다.

【저자의 다른 책들】

문화와 정책 –지난 시대를 회고하다
김광식 지음

가격: 16,000원,
ISBN: 978-89-6511-079-8

이 책『문화와 정책: 지난 시대를 회고하다』
에서는 1970년대 말에서 1990년 문화공보부
가 폐지되었던 시점까지의 정책과, 문화부와
공보처로 분리된 1990년대의 문화정책을 주
로 살펴보았다.

오늘의 문화유산 보존과 활용
김광식 편저

가격: 17,000원,
ISBN: 978-89-6511-080-4

『오늘의 문화유산 보존과 활용』에 실린 글
은 저자가 문화유산분야에 관계하면서 써놓
은 글과, ICOMOS 국제본부 회장이었던 M.
Petzet가 현재 세계적으로 통용되는 문화유
산보존의 근간인 베니스헌장 정신을 국제원
칙으로 해설한 저서를 옮겨놓은 것이다.